だいわ文庫

50歳からの語彙トレ

菅

大和

だいわ文庫

50歳からの語彙トレ

菅原 圭

大和書房

まえがき

「人生100年時代」。50歳はちょうどその折り返し点にあたり、会社では今後のコース選択を迫られ、家庭でも子育てにひと区切り。これまでの仕事や子ども中心の生き方から、自分を中心にした生き方への転換を求められる。〝定年後（アフターリタイアメント）〟が視野に入ってき、人生の第3ステージにさしかかろうとする年代だ。

やがて、仕事からも家庭人としての縛りからも解放され、のびのびと自分が好きなように生きることができる、人生最高のときが目前に迫ってきている。

同時に、この年代からはさまざまな面で大きな変化に直面する。最大の変化は人間関係だ。これまでは会社や取引先など決まった人、ママ友など気心の知れた人との付き合いだけですんでいたが、これからはご近所や趣味、地域活動など多様な人との交わりが必要になってくる。

生活習慣やものの考え方などが異なるさまざまな人々と交わるためには、言葉の使い方やマナーなどに、よりきめ細かな心づかいが求められる。

何気なく口にしたひと言が不興をかったり、思わぬトラブルを招くようなことも大いにあり得るからだ。こうしたことから、社会問題にもなっている孤独老人や無気力老人になってしまう例も少なくないと聞く。

そんな失敗を避けるために必要なのは語彙力、会話力を高めることだ。**本書は50歳からの年代にフォーカスして、これから必要になる言葉や心づかい、マナーを中心にまとめてある。**

いつも本書をかたわらに置き、繰り返し目を通しているうちに語彙力や相手への心づかいが磨かれていき、しだいにまわりの人にスムーズに溶け込み、波風立てたり、疎外されることなく、誰とでも臆せずに交われる大人へと変わっていくことができるはずだ。

ぜひ、本書をフルに役立て、50代からの人生をより豊かで心地よいものにしていただきたいと願ってやまない。

菅原 圭

50歳からの語彙トレ　もくじ

第1章

近所付き合いの極意から、敬語の注意点まで——
大人の会話力が身につく基本表現

いつもありがとうございます

――「ありがとう」はどんな場合にも相手の気持ちを和らげる万能の言葉だ

仕事の関係がある人などには「いつもお世話になっています」でいいが、近隣の人や趣味の集まりなどで出会った人に、「お世話になっています」ではやや場違いなニュアンスがある。

「いつもありがとうございます」はどんな状況にでも使え、**こう言われて気分を害する人は絶対にいない**はずだ。メールの書き出しにも重宝に使える。

「ありがとう」の語源は仏教にさかのぼると言われる。「有り難し」。「めったにない」「貴重だ」という意味から「お陰で貴重で得がたいものをいただいた」という意味になり、さらに相手に対する感謝の意を表する言葉になっていった。

「いつもすみません」という人があるが、「すみません」より「ありがとう」のほうがポジティブで、受ける相手も前向きの気持ちになる。

お陰様で

「ありがとう」と並ぶ万能言葉。日の前の相手の力添えの結果ではないときにも幅広く使われる

「お陰」とは他人からの恩恵や力添えを意味する言葉だが、語源は神仏などの蔭《かげ》、庇護。それを受けた結果という意味を含んでいる。

旅支度で出かける知人に「ご旅行ですか。いいお天気でよかったですね」と話しかけたところ、「お陰様で」という答えが返ってきたりする。別段、相手の力で好天になったわけではないが、神仏、神霊の力によって好天になり、とても感謝しているという意味合いなのだ。

実際に世話になった人には、「お陰様で合格できました」「お陰様で助かりました」などと**具体的な内容に触れ、相手への感謝をしっかり伝える**ようにしよう。

自分一人の力で成し遂げた場合も「お陰様で」と言うことにより、いつも有形無形の人の力に支えられているという気持ちになり、自分も幸福感に包まれる。

どういたしまして

「ありがとう」と言われたとき、「いいえ」「とんでもない」と返すのでは能がなさすぎる

「ありがとう」の返事は「どういたしまして」が決まり言葉。ところがこれを省略し、手を振りながら「いえいえ……」と言う人はけっこう多い。

「どういたしまして」は「大したことは何もしていませんよ。それなのに、どうして、それほどお礼を言っていただく必要があるでしょうか」という意味。

感謝の気持ちを示されたときに「**それほどのことではありません。ですから気にしないでください」という気持ちを表す。**それでも「少しはやってあげた」というニュアンスがあり、目上の人に対して「どういたしまして」と言うと失礼だと感じられてしまうこともある。

目上の人には、「どういたしまして」の代わりに「とんでもないことでございます」とか「少しはお役に立てて光栄です」などと言う。

ご無沙汰しております

「お久しぶり」と「ご無沙汰」。どちらも少し連絡や会う機会がなかった場合に使うが、どう使い分ける？

忙しい日が続き、気にはなっていたものの、連絡をしないままに時が経ってしまった。そんなときには「ご無沙汰しております」が最初の挨拶になる。メールや手紙の場合も同様だ。

「無沙汰」とは「処置、指図などをしないこと」、「関心を持たないこと」。転じて、「長い間、音信や訪問をしないこと」という意味になった。

一般に、2〜3か月ほど間が空いた場合に使われる。「長い間、連絡をせず、申し訳ありませんでした」という意味が含まれており、こう挨拶するだけで、相手への敬意を伝えられ、丁寧で行き届いた心づかいができる人だという印象になる。

「お久しぶりです」は友だちなど気をつかわずにすむ人への挨拶にも使える普段着の言葉だ。ビジネスや目上の人には「ご無沙汰……」を使う。

おそれいります

声かけの言葉に「すみません」を多用する人があるが、「おそれいります」のほうが品がいい

お礼を言う、詫びる、質問する……など何につけても「すみませんが……」と言う人は非常に多い。その「すみません」の代わりに「おそれいります」と言うと、それだけでぐっと上品な印象になり、好感を持たれる。

「おそれいります」は漢字では「恐れ入ります」。**相手に対してこの上なく恐縮しているこ**とを示し、自分は一歩も二歩も引き下がっている、相手を上に見ている、申し訳ないという意味合いにもなる。そこから、つつましやかで謙虚な姿勢を示すことになるわけだ。日ごろからよく使うようにし、口癖にしておこう。

「すみません」は「済みません」。相手に対して自分の気持ちが「済まない」というわけで、浅い詫び言葉。目上の人に使うとかなり失礼になるので注意したい。

おそれいりますが

ひと言加えるだけで、相手の気持ちをやわらかくほぐす効果があるクッション言葉の一つ

相手にお願いをする、断る、反対意見を述べるというようなとき、いきなり言うと反感をかいやすいが、ひと言添えることにより、印象を大きく変えてしまう。そんな効用を発揮するのがクッション言葉だ。

クッション言葉として使われる言葉はたくさんあるが、なかでも重宝なのが「おそれいりますが……」だ。たとえば「おそれいりますが、当日はスリッパをご持参ください」とか「おそれいりますが、そろそろ会場にお移りください」などと使うと、**命令されている感じはなく、むしろ丁重な扱いを受けているという印象に変わる。**

クッション言葉は人間関係をギクシャクさせないために、相手を気づかうために使われるようになったもの。深い心づかいを込める日本語ならではの言葉だ。

いま、お話ししてよろしいですか

――話し出す前に、相手の事情を必ず尋ねる。これが常識ある大人として欠かせない電話のマナー

電話、特に携帯電話をかけるときは、相手がいま、どんな状況にあるのか、まったくわからない。

「あ、○○？　私だけど……」などといきなり用件に入るのはかなり無礼だ。必ず、「いま、お時間よろしいですか」とか「いま、ちょっとお話ししてもよろしいでしょうか」などと**相手の事情を確かめてから用件に入るようにしよう。**

取り込み中だったり、急いでいて時間がない場合は「いま、忙しいんだ」ではなく、「申し訳ありません。いま、ちょっと時間がなくて。後ほどこちらからお電話します」と答え、誠意ある対応を心がける。

携帯電話の「かけ放題」やＬＩＮＥを使っていると、つい、長電話になりがちだ。長電話は相手の貴重な時間を奪うことになることを考慮し、なるべく慎みたい。

つかぬことを

それまでの話の流れとは関係のないことを話題にする場合に使う切り出しの言葉

「つかぬこと」は「付かぬ事」。いままで話していたこととは「付随しないこと、関係のないことを……」という意味。つまり「話題は変わりますが」、というときに使われる。いきなり話題を変えますが、とか、突然、こんなことをお尋ねして恐縮ですが、という意味になり、**なにかを尋ねる場合の唐突さを和らげる。**その分、失礼だという印象を与えにくくなる。

最近は「つかぬことを」を「つまらないことを」という意味で使う人が増えており、NHKの調べでは若い世代では「つまらないこと」として使う人が大半だ。「関係のないこと」と正しく使う人が優位になるのは60代からだ。

「つかぬことを……」は付属的な質問、つまり、「参考までに伺います」という感じがある。場合によっては悪印象を与えるので使うタイミングには注意したい。

また、お気軽に声をおかけください

——今回は役に立てなかったという場合でも次につながる言葉を添えると気持ちが和らぐ

依頼されたが、相手の求めには応じられない。そんなときは、「せっかくですが今回はお引き受けかねます」「よく考えさせていただいたのですが……、今回は見送らせていただきます」などと、**「今回は」という言葉を入れる**と、次の可能性を示唆し、角が立たない。「せっかく声をかけていただいたのに、本当に残念なのですが……」とか「ぜひ、参加したいのですが、あいにく、どうしても外せない用があり……」などの言葉を加え、**残念だという思いを強調する配慮もほしい。**

さらに「また、なにかありましたら、お気軽に声をおかけください」などと言い、**関係性を次につなげるようにする**ことも忘れてはならない気づかいだ。

「次回はぜひ、ご協力できるといいのですが」「次の機会を楽しみにしております」などという言葉で、今回の断りが〝縁切り〟ではないということをしっかり伝える。

ご縁がありましたら

「ご縁」は日本人が好きな言葉の一つ。出会いと別れに関する場では特に幅広い意味合いで使われる

偶然出会った人とすっかり意気投合し、今後もお付き合いしていこうということになった。あるいは、特に約束したわけではない人と再会した。そんなときには「私たち、ご縁があったのですね」と言ったりする。また、就職試験の不合格通知にはよく、「このたびはご縁がなく……」などと書かれている。

「ご縁」とは「仏縁」のこと。仏教では物事はすべてつながっていると考える。その縁があれば、また、必ず巡り合える。そんな気持ちを込めて、また、ぜひ会いたいというときなどに「また、ご縁がありましたら、ぜひ」などと使う。「縁」は非常に貴重なものなので、**「縁」と言うだけで丁寧表現になる**とされている。

「ご縁があったら」は、次に会う約束をするほどではない、というときにも使える。「縁がなかったらもう会うことはない……」とやんわり断ることになるわけだ。

ごめんください

話しかけるときから訪問時、退去時などの丁寧な挨拶の言葉として普段からよく使われる

語源は「御免ください」。本来、「御免」は非礼をしたときなどに許しを請う言葉だった。「御免候《そうろう》」「御免くだされ」が他家を訪問するとき、門口でかける言葉として使われるようになったのは室町時代あたり。

いまでも他家を訪問するときの定番言葉として使われる。また、別れ際にも「ごめんください」と言いながら、互いにお辞儀を繰り返すシーンを見かけることもある。電話を切るときの挨拶として「ごめんください」を使うことも少なくない。

女性言葉という印象が強いようだが、**男性が使っても意外なほど品よく、大人らしい好印象を与える**ものだ。

別れ際などの「ごめんください」に対して、こちらも「ごめんください」と返すのではなく、「お気をつけてお帰りください」などと返すとより大人らしい会話になる。

おすそわけ

ご近所との付き合いが疎遠になりつつあるが、こうした習慣を復活させ、地縁社会を取り戻したい

以前は「遠くの親戚より近くの他人」などと言い、ご近所とは何くれとなく助け合う習慣があったもの。頂き物を分けてご近所などに届ける「おすそわけ」はその象徴とも言えた。

「おすそわけ」の「すそ」は着物のすそから来た言葉。つまり、端っこ。そこから「頂き物の一部ですが」とか「ほんの少しですが」という意味になった。

昔は**おすそわけをいただいたら容器を空で返すのは失礼**。何もない場合はみかん1個でも容器に入れて返す習慣があった。いまでは、次はこちらがおすそわけするようにして、近隣との和やかなお付き合いを進めていけばいいだろう。

「おすそわけ」では失礼だと、目上の人に対する場合などには「お福分け」という言葉を使う。結婚式の引き出物など幸福を近所に分ける場合も「お福分け」を使うとよい。

わたくし・わたし

自分をどう呼ぶかはけっこう難しい問題だ。親しい間柄ではこれで通るが、正式の席ではどうだろうか

一般的には「わたし」は普段よく使われ、「わたくし」はもう少し改まった場合に使われる。一人称を示す言葉には、ほかにも「ぼく」「おれ」「あたくし」「あたい」「わし」……などいろいろあるが、いずれもTPOに応じて使い分けること。

どの一人称を使うかで、後に続く言葉も使い分ける必要がある。「おれは」なら「〜だよ」となるが、「わたくし」ならば「〜です」「〜でございます」となるという具合に、だ。

「ぼく」は下僕から来た言葉でへりくだった意味合いがあるが、現代ではくだけた言葉、学生っぽさがあり、公的な場では使わないほうがよい。

「あたくし」を女性らしい品のよい言葉だと思っている人があるが、少し甘えた響きがあり、かえって品がない。「あたし」は子どもっぽく、大人の女性には似合わない。

あなた・そちら

相手の名前を呼ぶのが普通だが、名前がわからない場合はどんな風に呼べばいいか

自分を指す一人称より、もっと難しいのが相手をどう呼ぶか、二人称の使い方だ。最も一般的なのが**「あなた」「君」「そちら」「お宅」**などだろう。

名前がわかっているときは、「田中さん」「小川さん」のように「姓＋さん」が呼びやすく、無難だ。

公式な場では部長、課長、支店長など、相手の「職位」で呼ぶとよい。

弁護士、医師など専門的な立場の人には「先生」と呼びかけるとまず問題がない。だが、誰でも彼でも「先生」と呼んでいると「先生」ばかりになり、「先生」の格が落ち、かえってバカにしているように聞こえることもあるので注意しよう。

弁護士先生などと呼ぶ人もあるが、「先生」と呼びかけるだけで十分。人に紹介する場合は、「こちらは弁護士の〇〇先生です」のように使うと丁寧だ。

様・殿・御中

意外に混同されがちな「様」や「殿」の使い方をきちんと覚えておくようにしたい

「様」はあくまでも個人につける敬称。「田中様」「小川様」など「姓」の後につけて呼ぶとよい。手紙などの宛名も「小川○○様」のように名前の後につける。時々、「あなた様」「そちら様」のように相手に呼びかける人を見かけるが、これはおかしいことを知っておきたい。

「田中部長様」などと職位の後に「様」をつけるのも誤用。**職位の後に使うのは「殿」。**「田中博夫営業部長殿」のように使う。ただし、文書、メールの場合のみ。

「○○株式会社」とか「営業部」など組織名や団体宛の文書には「御中」を使う。また、複数に宛てた文書は「各位」。「営業部各位」で御中などはいらない。

組織内の個人への宛名は、企業・団体名→部・課名→肩書→個人名→様。たとえば、「東京都○○区□□町×—×—× 株式会社○○ 広報課課長 ◆◆ ▼▼様」と書く。

この前・この間

特に意識することなく使われているのが実情だが、より正確には時間経過による使い分けがある

「この前、ご相談した件ですが」とか「この間、約束したじゃないですか」などと、「この前」と「この間」はなんとなく、少し前、前回という意味で使われている。だが、厳密に言えば、「この前」のほうが「この間」よりも「いま」に近いときに使われる。また、「この前」、「この間」はいわば普段の言葉だ。

ビジネスシーンや少し改まったときには「先日」「過日」と言うほうがいい。**時間経過の感覚としては「先日」は数日~1か月前ぐらい。「過日」は1週間以上~2、3か月が目安。**よく似た言葉に「先般」があるが、「先般」は幅広く、以前のこと、という意味になり、いつでも使える。

「〇〇からどのくらい経っていますか」という意味で「いつぶりですか」と聞くことがあるが、正しい表現とは言えない。大人は使用を控えるほうがいい。

見ます・ご覧になる

大人の会話の基本は敬語を正しく、品よく使えることだ。丁寧語、尊敬語、謙譲語の使い分けは?

若い世代の敬語の乱れは目に余るほどだが、そうであればいっそう、大人世代が正しく敬語を使い、手本とならなければならないと自覚したい。

敬語には丁寧語、尊敬語、謙譲語の3種がある。たとえば、「見る」の丁寧語は「見ます」。尊敬語は「ご覧になる」。謙譲語は「拝見する」。

「行く」は丁寧語で「行きます」、尊敬語で「いらっしゃる」謙譲語で「うかがう」。

「言う」は丁寧語で「言います」、尊敬語で「おっしゃる」、謙譲語で「申し上げる」。

尊敬語は相手の言動に使って敬意を表する。一方、**謙譲語は自分の言動に使うことにより、へりくだっていることを示し、相手を敬う気持ちを表す。**

文化庁の「国語に関する世論調査」(平成27年度)では「敬語は……大切にすべきだ」が64・1%。一方、26・1%が「敬語は簡単でわかりやすいものへ」と答えている。

ごめんなさい・すみません

「ごめんなさい」「すみません」謝罪の言葉はどう使い分ける？

ミスや失敗、失礼なことをしてしまった……。そんなときは、まず、お詫びをすることが肝要だ。普段、最もよく使われる謝罪は「ごめんなさい」と「すみません」だろう。この二つ、実は使い方が決まっている。

「ごめんなさい」は「ご免」（許す）という言葉から発展した言葉で、「私を許してください」という意味。一方、**「すみません」は「このままでは私の気持ちがすみません」という意味の言葉。**

つまり、「ごめんなさい」のほうが軽い詫び言葉で、その場で謝ってすむ程度の軽いミス。もう少し重いミスには「すみません」「あいすみません」を使う。

「ごめんなさい」はその意味や、軽い詫び言葉であることからも、目上の人に対して、また、ビジネスシーン、公的な場で使うと失礼になる。

コラム 美しい月々の和名

使いこなしたい日本古来の美しい言葉 1

1月　睦月《むつき》

初見月《はつみづき》　初春月《はつはるづき》　太郎月　端月《たんげつ》などとも

正月に家族一同が集まり、睦《むつ》まじく過ごすところからの名と言われる。「生月《うむつき》」から転化したという説もある。

2月　如月《きさらぎ》

梅見月　雪消月《ゆきぎえづき》　初花月《はつはなづき》などとも

まだ寒さが残っていて、暖かくなってきたものの時に寒さがぶり返し、いったん脱いだ衣をさらに重ね着する「衣更着月」が語源となったと伝えられる。

3月　弥生《やよい》

桜月　夢見月　春惜月《はるおしみづき》　蚕月《さんげつ》　桃月などとも

陽春たけなわ。すべての草木がいよいよ茂る「いやおい」から弥生に転じたと言われている。

4月　卯月《うづき》

花残月《はなのこりづき》　夏端月《なつはづき》　清和月なども

卯《うつぎ》の花がいまを盛りと咲く月。田植えをするので「植月」という説もある。

5月　皐月《さつき》

橘月《たちばなづき》　雨月《うげつ》　早稲月《さいねづき》　鶉月《うずらづき》なども

「早苗月《さなえづき》」が略されて皐月となったと言われる。「皐」は水辺を意味する。ここから「水田」を連想したのか。

6月　水無月《みなづき》

常夏月《とこなつづき》　涼暮月《すずくれづき》　風待月　蝉羽月《せみのはづき》なども

旧暦6月は梅雨も明け、水涸《みずが》れが起こりやすいところから水無月の名になった。たんぼに水を張るところから「水月《みなづき》」が変化したという説も。

7月　文月《ふみづき》

8月　葉月《はづき》

9月　長月《ながつき》

七夕月　七夜月《ななよづき》　涼月《りょうげつ》　親月などとも

稲の穂が膨らむ「穂含月《ほふみづき》」からの名。また、七夕には短冊に歌や字を書くところから「文披月《ふみひろげづき》」から来た名とも言われる。

秋風月　月見月　雁来月《かりきづき》　木染月などとも

現在の感覚では葉が生い茂る様子をイメージするが、旧暦では秋たけなわ。葉が落ちる月（葉落月）から転じて葉月になったと言われる。

菊月　寝覚月　色取月《いろどりづき》などとも

秋の夜長からの「夜長月」が略され、長月になったと言われる。秋の長雨からの「長雨月《ながめつき》」、稲穂が長く実る「穂長月」からという説も。

10月　神無月《かんなづき》

時雨月　初霜月　大月《たいげつ》などとも

神々が出雲《いずも》大社に集まるため、各地から神がいなくなるところからの名。神々が集まる出雲では、反対に「神在月《かみありづき》」と言う。

11月　霜月《しもつき》

神楽月　神帰月《かみかえりづき》　雪待月とも

そろそろ里にも霜が降ることから「霜降月」と呼ばれたが、しだいに略されて「霜月」となった。

12月　師走《しわす》

極月《ごくげつ》　氷月《ひょうげつ》　暮来月《くれこづき》　除月などとも

12月には僧（師）を家に迎え、お経を読んでもらう習慣があった。そのため師が忙しく駆けずり回っていたところから「師走」の名になった。

第2章

初対面でのやりとりから、
訪問先での振る舞いまで――

さりげなく使いたい気働き表現

差し支えなければ

なにか尋ねるときなど、いきなり本題に入らず、まず相手の気持ちを打診すると高圧的な印象にならない

旅先で偶然出会っただけなのに、意気投合した。そんなときは「差し支えなければ、連絡先をお教えいただけませんか？」と声をかけるといい。

「差し支えなければ……」はなにか願いごとをするときに使われるクッション言葉で、**相手の都合をまず尋ねるところから一歩引いた謙虚な姿勢を示す**ので、押し付けがましさがなく、品がよく、礼儀を尽くした印象になる。

「よろしければ」も同じような言葉だ。「よろしければ、○日の集まりにお出かけくださいませんか」などと使い、同じく、相手の気持ちや都合を尋ねることであくまでも相手を尊重することになり、行き届いた心づかいを印象づける。

「差し支えなければ」と声をかけられたが、断りたいというときは「せっかくですが」「申し訳ありませんが」「心苦しいのですが」と言ってから断れば失礼にならない。

〜してくださいませんか

なにかを頼むときには「〜してください」ではなく、質問形を使うと命令されたという感じが和らぐ

50歳以上になると会社など組織で上の立場であった人も多く、人に命令することはあっても、命令される機会は少ない。そのため、「〜してください」と言うと、一方的に押し付けられたり、命令されたような感じがして内心、面白くないと思うことがある。

こういうときは「〜してくださいませんか」と相手の意向を尋ねる文形を使うと、あんがい、気持ちよく引き受けてもらえるはずだ。

年長者や立場のある人には**「よろしかったら……」という言葉を添えるといっそう丁寧な印象**になり、二つ返事で了承してくれるはずだ。

乗り物のなかなどで知らぬ人に対して、少し詰めてもらいたいときも「少々、詰めていただけませんか？」と言うと、相手の反発を招かず、快く詰めてもらえる。

お力を貸してください

なにかを一緒にやろうというときには、相手をほめ、助けてほしいというニュアンスを込めるといい

協力してほしいと言いたい場合、ストレートに「ご協力ください」では命令口調に聞こえ、「なにを偉そうに」と反発をかいかねない。

こういうときは「ぜひ、経験豊富なあなた様のお力を貸していただきたく……」とか「この世界に深く通じておられるあなた様のお知恵をお借りできるとありがたく……」のように**相手の力や知恵を大いに頼りにしているというニュアンスを込めるる**ようにする。

こうした言葉は相手の自尊心をくすぐり、いい返事を引き出せる可能性はぐんと高まるはずだ。

大人なら使いたい依頼の言葉には、ほかに「お力添えいただけますよう」「ご支援のほど願いあげます」「ご協力を賜りたく……」などがある。

ご教示ください

「教えてください」でもいいが、年長者や目上にはより丁寧な表現を使うほうが好感をもたれる

「教示」とは文字通り、教え示すこと。大人社会では、「教えてください」「教えていただけますか」では丁寧さに欠け、相手によっては「ものには頼みようがあるものだ」「ものの言い方を知らないヤツだ」と受け取る人もあるだろう。

「新参者です。何もわかりませんので、さまざまよろしくご教示ください」「〇〇会の今後の運営について、ご教示いただきたくお願い申し上げます」などと使う。どちらかと言うと、**メールや手紙などの書き言葉としてよく使われる。**話し言葉では「**お教えください**」「**ご指導ください**」などのほうが響きがやわらかく、耳にやさしい。

よく似た言葉に「ご教授ください」がある。「教示」は仕事のノウハウ、手順などを聞く場合に、「教授」は学問や専門的知識を教えてもらう場合に、と使い分ける。

お手すきの折に

「お暇なときに」では、相手は暇人だと言わんばかりだととらえられ、失礼にあたる

頼まれたわけではないのだが、ちょっとした情報を手に入れ、パンフレットなどを渡すとき、「お暇なときにでもご覧ください」と言ったことはないだろうか。

シニア、特に定年を迎えた人は、自由な時間がふんだんにあるのはうれしいものの、一方、多少さびしい思いも抱えているものだ。そんなところに「お暇なときに〜」と言うのは、相手は暇な時間があるはずという前提になり、失礼だ。

こういうときには「お手すきの折に……」を使うと、相手の時間の余裕があるときに、という配慮が伝わる。**「お時間がおありのときにでも……」**という表現も相手の気持ちを逆なでする心配がない。

急いで検討してほしいというときには「できれば〇〇日ごろまでにはご検討いただけるとありがたいのですが……」と言って期限を切るといい。

お互い様

相手が恐縮しているとき、こちらも同じ立場ですよと伝え、気持ちの負担を軽くする気づかいのひと言

「今日のお当番、代わっていただけませんでしょうか。急用ができてしまって」などと頼まれたとき、「わかりました」だけでなく、「お互い様ですから……」という言葉を添えると、それだけでずっと和やかな印象になる。

「困ったときはお互い様」という言葉があるように、誰にでも事情はあるもの。「困ったときはそうした事情を察して助け合っていきましょうよ」というニュアンスを端的に伝える便利な言葉だ。

ただし、**こちらから「困ったときはお互い様だから助けてね」と言うのは間違い。**なんと自分勝手な人だろうと呆《あき》れられるか怒りをかうだけだ。

親の介護をしているどうし。そんなとき、「大変なのはお互い様ですね」などと、同じ立場だという意味で使われることもある。

ご一緒できるとうれしいのですが

イベントなどに人を誘うときには、一緒に行けるとうれしいと相手を立てた表現を使う

人を誘う場合、ただ、「行きませんか?」と言葉をかけるのではなく、**あくまでも「自分が相手と一緒に行くことを望んでいる」というニュアンスを伝える**とよい。

前々から相手が行きたがっていたというイベントの情報をわざわざ手に入れてあげた。そんな場合も、「こんなイベントがあるそうですよ。ご一緒できるとうれしいのですが」とか「あの映画、いま○○シネマでやっているようです。ご一緒させていただけませんか」などと言うと、相手に気持ちの負担を与えない。

アマチュアの発表会などに誘う場合は、「好きな者だけの集まりなのでご満足いただけるレベルかどうか。でも、もし、よろしかったら……」と声をかけてみよう。

誘いを受けた場合の第一声は「面白そうだね。ありがとう」。断る場合は「あいにく、先約がありまして」などと時間を取りにくいことを理由にすると角が立たない。

お言葉に甘えて

相手が申し出てくれたことを遠慮なく受け入れるときにこう言うと、厚かましさを感じさせない

誰かに頼みごとをしたところ、好意的な返事をもらえた。そんなとき「いいんですか。そうしても」などと言うのでは、大人としての見識を疑われても仕方がない。そんなときには、まず「ありがとうございます」とお礼を述べることは言うまでもないが、さらに、「遠慮なくお言葉に甘えさせていただきます」「お言葉に甘えて……させていただきます」と言い添えると、図々《ずうずう》しい印象がなくなり、さらに礼儀がわかっているのだなと好感を持たれる。

ただし、**相手は必ず目上・同格であること。**下の立場の者に使うと嫌みに聞こえることを心得ておこう。

「ご親切に甘えて」「ご好意に甘えて」も同じように使われる言葉だ。同格や下の立場の人に対しては「では、遠慮なく……」と言うとよい。

つつしんで

漢字では、「謹んで」と書き、自分自身の言動を注意深く行うこと。ひいては相手に対する尊敬の意を表す

地域の長や習い事の師匠など、自分よりはるかに上の立場の人から頂き物をしたり、行動を共にするときなど「**つつしんで頂戴いたします**」「**つつしんでお供させていただきます**」と言うと、礼を失することなく、最大の謝意、敬意を伝えられる。

「つつしむ」は「慎重に事をなす」「過ちがないように慎重に行動する」ことを示し、身を律し、謙虚に振る舞うという意味に発展。謙虚に振る舞うことから、相手へのこれ以上ない敬意を表現する言いまわしとして使われるようになった。

訃報に接したときも「**謹んでお悔やみ申し上げます**」と使い、相手の深い悲しみを身を低くしてお察しします、と丁寧な気持ちを表すようにする。

漢字で「慎んで」という場合は、「……以後は軽率な言動を慎んでまいりたいと存じます」などと反省を示す場合などによく使われる。

ようこそお越しくださいました

来客を迎えるときの定番言葉。
──晴れやかな笑顔でこう言うことが最大の歓迎になる

約束の時間が近づいたら玄関の鍵は開けておく。オートロックのマンションなら、建物の入口を開錠した後、玄関の扉を開けておき、出迎える。最初の挨拶は「ようこそお越しくださいました」。その後、**「家族皆で楽しみにお待ちしていたんですよ」と続ければ訪問客の緊張もゆるみ、一気に楽しい雰囲気に変わる**だろう。

和室に案内した場合は「どうぞ、お平らに」と言葉を添えて、楽な姿勢をとるようにすすめると行き届いた配慮を伝えられる。

簡単な挨拶をしたらいったん引き込み、お茶の用意などで時間をおいて来客がひと呼吸入れるのを待ち、それから茶菓を出して談笑に移るようにする。

挨拶の言葉と礼はどっちが先だろうと迷うこともあるだろう。「先言後礼《せんげんごれい》」という言葉があるように、まず、挨拶言葉を述べるのがマナーとされる。

お足元の悪いなか……

雨や雪などでさぞ歩きにくかっただろうと思われる。そんな日の来客の労苦をねぎらう定番表現

悪天候のなかを訪ねてきてくれた人に対していたわりとねぎらいを込めてこのひと言を添えると、行き届いた言葉を使える人だなと好感を持たれる。「あいにくのお天気のなか……」「このような（悪）天候のなかを……」などと言い、「そんななかをありがとうございました」と言ってもよいが、**「お足元の悪いなか……」のほうがセンスも知性も一段上の印象**になる。

応接室などに案内する場合、ピカピカに磨かれ、滑りやすいところでは「滑りやすいのでお足元にご注意ください」。段差や坂の手前では「段差がありますので……」、「上り坂に（下り坂に）なっています」とひと言添えたい。

「お足元の悪いなか」は、足の悪い人を連想させるという考えもあると聞く。だが、大人社会ではよく使われる言葉であり、そこまで神経質になる必要はないだろう。

ご遠路をお運びいただき

遠いところを訪ねてきてくれた来客はこの言葉で迎えると、丁重に迎えられたと感激される

親しい仲なら「やあ、よく来たな」でいいだろうが、ちょっと改まった来客はそれなりの言葉で迎えたいものだ。「ご遠路をわざわざお運びいただき……」はそんなときにうってつけの言葉。暑い最中なら**「お暑いところをお運びいただき……」**、寒い時期には**「お寒いなかをお運びいただき……」**となる。

ほかに**「ご足労いただき……」**という表現もある。「足労」は「足を疲れさせた」という意味で相手がこちらに来てくれた場合にのみ使う。訪問客が来たときだけでなく、帰るときにも「本日はご足労をおかけしました」と言うと、いっそう丁寧で行き届いた心づかいを感じさせる。

「ご足労……」は労をねぎらう言葉で、原則は上の立場から下の立場の者にかける言葉。目上の人にも使われるが気難しい人には避けたほうが無難だろう。

ご笑納ください

品物をあげるときに添えたい言葉。ただし「笑」の字が入っているため、使い方には気づかいが必要

最近は、贈り物を差し出すとき、「つまらないものですが」と言うことは減ってきている。「つまらないもの」とは言うまでもなく、あくまでも謙遜表現なのだが、「つまらないもの」を人にあげるのはおかしいという感覚もわかるような気がする。だが、相手に対して敬意を表したい。そんなときに使えるふさわしい言葉、それが「ご笑納ください」。「笑」という言葉で謙遜する気持ちを表している。**「大したものではありませんが」という思いが伏線にあり、それでも「どうぞ、笑ってお納めください」という意味合いになる。**目上の人にも使えるが、改まった場合には「どうぞ、お納めくださいますよう」のほうがよりふさわしい。

品物が食べ物ならば「どうぞ、ご賞味くださいませ」と言い、「お口に合えばうれしいのですが……」などと言葉を添えると満点の挨拶言葉になる。

お持たせですが

来客が手土産に持ってきたものを皆で食べる場合にはこのひと言をプラスする

シニアになると子どもも独立して、夫婦二人の家庭が増えてくる。どんなにおいしい銘菓でも箱入りでいただいたりすると二人では持て余しぎみになることも少なくない。だからといって「○○さんのおみやげなの。みんなで食べない？」ではあけすけすぎる。こういう場合には「**○○さんのお持たせですが」と言って居合わせたお客皆で楽しむと持参したほうもうれしい**ものだ。

「御持《おもたせ》」は本来、受け取った側が進物のことを表現した言葉で、モノが貴重だった時代には、その場で皆で食べる習慣があったと言われる。

「お持たせ」は「御持たせ物」、訪問客が持参した心づかいの物を言う。「土産」は本来、旅に行ったときに手に入れたその土地の珍しい物という意味だ。

お粗末さまでした

食事を振る舞った相手から「ご馳走さま」と言われたときの返し言葉の定番

来客に手料理をお出ししたところ、「ご馳走さまでした。とてもおいしくいただきました」と言われた。こんなとき、**「いいえ、そんな……」と口ごもったり、「大したことはできなくて……」ともごもご言うだけでは大人の対応としては不合格。**「お粗末さま」という言葉がさっと出てくるようなら「お見事！ 合格」だ。

「お粗末さま」は、提供したものが大したものではないという謙遜言葉。言うまでもなく、レストランに招待したような場合には使えない。その場合は、「気に入っていただけましたか？」とか「私のお気に入りの店なんです。お口に合いましたでしょうか」などと言えば、店側に対しても失礼にあたらない。

手料理を大いにほめられた場合には「お恥ずかしいですわ」とか「ありがとうございます。さらに腕に磨きをかけますので、ぜひ、また、どうぞ」などと返すとよい。

そろそろお暇《いとま》いたします

訪問先を辞去するとき、「そろそろ帰りますので」ではぶっきらぼうすぎる。ではなんと言う？

特別な用事がある場合は別として、一般的な訪問ならば**1〜2時間程度を目安に辞去するほうが好印象を残す**ものだ。

辞去するという気持ちを伝えるときには「そろそろ帰りますので……」ではなく、少なくとも「そろそろ失礼いたします」などの言葉を用意しておこう。「そろそろお暇いたしますので」と言えば、ワンランク上がった切り出し方になる。

話が盛り上がり、なかなか切り出すタイミングが見つからないときは、相手が「お茶のお代わりを」と言ったときが格好のチャンス。**「そろそろお暇いたしますので、お茶はもう結構です」**などと言えば辞去しやすい。

「もう、こんな時間になってしまって。楽しい時間は速く過ぎるものですね」などと切り出すのもよい。「次の予定が」はビジネス訪問以外では口にしないほうがよい。

お名残惜しいですが

訪問客が「そろそろ……」と言い出したとき、むやみに引き留めるのもかえって迷惑かもしれない

長っ尻でなかなか帰ろうとしないお客に手を焼くことはあんがい多い。そんなときは頃合いを見て「お名残惜しいですが……」と切り出すと、お客のほうも「まあ、とんだ長居をしてしまい……」と辞去しなければならないと気づくはずだ。

「名残」という言葉に余韻を感じさせる響きがあるので、**共に過ごした時間が楽しかったと伝えることにもなり、相手への感謝を品よく表現することができる。**

パーティなどが大いに盛り上がっているところだが、会場の都合でお開きにしなければならない。そんなときも「お名残惜しいですが、時間が来てしまいました」と伝えると、楽しい気分を壊さずにパーティを締めくくることができる。

「名残」の語源は「余波《なごり》」。波が寄せて引いた後、浜辺に残った海水や海藻を指す言葉だった。そこから、去った後にも残る思いを意味する言葉になった。

コラム

使いこなしたい日本古来の美しい言葉②

手紙、一筆箋、メールの書き出しに使いたい季節の言葉

新春の候

・初春のよき日を迎えられたことと存じます
・うららかな新春、今年はいい年になりそうですね
・福寿草が可憐《かれん》な花を咲かせています

季語＝初暦　初夢　七草　冬麗《とうれい》　凍て雲　探梅　かまど猫

立春の候

・節分の豆、だんだん食べきれなくなってきて……
・暦の上では春を迎えたとはいえ……

・どこからか梅の香が漂う……

季語＝薄氷《うすらひ》　下萌《したもえ》　福豆　雪折　余寒　日脚のぶ

早春の候

・日増しに春めいてまいりました……
・猫の恋の季節ですね
・花冷えが続きます

季語＝山笑う　啓蟄《けいちつ》　春泥　名残雪　観桜　花衣　彼岸

陽春の候

・各地から花の便りが届き、心弾みますね
・春雨がしとしとと野山を洗い清め……
・草萌えの春の野、散策によい季節となりました

季語＝花吹雪　花筏《はないかだ》　灌仏会《かんぶつえ》　菜種梅雨　穀雨　藤波

新緑の候

・目に染みるような新緑……
・吹く風がみずみずしく薫るような季節……
・五月晴れの空に鯉のぼりが元気よく泳いでいます

季語＝八十八夜　早乙女　菖蒲湯《しょうぶゆ》　万緑　薫風　五月雨

初夏の候

・雨に濡れてあじさいがひとしお色鮮やかに見えます
・梅雨寒が続きますが、お変わりございませんか
・清流に若鮎《わかあゆ》が躍る季節……

季語＝衣替　時の記念日　麦嵐　納涼　夕凪《ゆうなぎ》

盛夏の候

・雨が明け、本格的な夏到来……
・せみ時雨が耳にうるさいほど……
・風鈴の音に心いやされる夕

季語＝七夕　青田波　慈雨　打ち水　遠花火

晩夏の候

・立秋とは名ばかりの厳しい暑さが続きます
・今年も猛暑続き、お健やかにお過ごしでしょうか
・朝夕は心持ちしのぎやすく……

季語＝山滴《したた》る　土用波　夏休み　原爆忌　盂蘭盆会《うらぼんえ》

初秋の候

・コスモスの花が可憐に咲きそろい
・暑さ寒さも彼岸までと申します
・今年は台風のあたり年とか

季語＝防災の日　名月　敬老の日　重陽の節句　秋の七草

仲秋の候

・今年も美しい月を愛《め》でる季節が巡ってまいりました
・芸術の秋、美術館をまわるのが楽しみですね
・天高く、なんとか肥ゆる秋……と申します

季語＝体育の日　時雨　新米　笑み栗　秋霖《しゅうりん》　豊作

晩秋の候

・初霜の降りる季節……
・焼き芋の誘惑にかられ……
・枯れ葉が舞い散るなか、散歩を楽しんでおります

季語＝山粧《よそお》う　小春日和　落葉　散り紅葉

初冬の候

・花屋さんの店頭のポインセチアが色鮮やか
・冬至が近く、驚くほど日脚が短くなり……
・北国では風花が舞い散っているころでしょうか

季語＝山眠る　酒林《さかばやし》　雪化粧　虎落笛《もがりぶえ》　ゆず湯

第3章

相手の気持ちを害さない言葉づかい

感じのいい断り方から切り返し、お詫びまで——

あいにく

誘いを受けたがその日は都合が悪い。そんなときはやわらかく響く断り言葉の定番「あいにく」を使う

「あいにく」の語源は「あやにく」。**期待に添うことができず、「ああ、憎らしい」**という言葉から生まれた。1802年から1814年にかけて初刷りされた十返舎一九の『東海道中膝栗毛』に「あやにくしょぼしょぼ雨が降り出したは情けない」とある。その後、「あやにく」から転じて「あいにく」が使われるようになるが、一般的に広がったのは大正時代以降になる。

せっかく誘ってもらったが行かれなくて自分も残念。相手の意向にも添えず本当に残念でたまらないというニュアンスを伝え、「あいにく……」と断ると相手にあまり不快な思いは残らない。

同じようなニュアンスを伝える言葉に、「残念ながら」「遺憾ながら」「運悪く」「折り悪しく」などがあり、「誠に残念ながら、欠席させていただきます」などと使う。

ご放念ください

「これ以上の気づかいは結構です」という思いをひと言で伝えられる便利な言葉

大人にふさわしい表現を使えば、角を立てずに、以後はもう気をつかわないでほしい、と伝えることができる。

「放念」は「念（思い）」を放つ、思いを放り出すということで、「もう、忘れてください」「気にしないでください」という意味。たとえば、依頼したことが必要なくなった場合に「先日、お願いした件はご放念ください」。間違った相手にメールを送ってしまった場合にも「先程のメールは間違いでした。ご放念ください」などと使う。

必ず、相手に向かって使い、自分自身の行為や思いに対して「もう、放念する」とは使わない。

「ご放念ください」と言われたら、「承知いたしました。またの機会をどうぞよろしくお願いいたします」などとあっさりとした返事をするのが大人の対応だ。

お気持ちだけいただきます

好意なのはわかるが、こちらは距離をおいておきたい。そんな相手からの贈り物などを断るときには

しょっちゅうモノをくれ、しかもそれが高価なものだったりすると、かえって気が重くなる。これ以上、もうもらいたくない。そんなときには「お気持ちだけいただいておきます」と言うと、相手の気分を害さずに断ることができる。好意は受け取るが品物は受け取れないということを遠回しに伝えるわけだ。

結局は、せっかくの品物を突き返すことになるわけだが、「お気持ちだけいただく」と言い得て妙な表現のため、**相手は突き返されたとは感じない**のだ。

「お気持ちだけ……」と言われたら、ありがた迷惑、つまり、相手は迷惑がっているのだと感じ取る敏感力を持ち、潔く引き下がる。

相手の懐にゆとりがないことは察しがつく。だが、相手は自分の勘定分を差し出した。こんなときも「今日は気持ちだけ受け取っておくよ」と言うとスマートにご馳走できる。

ご無用に

自宅に招く、会合の席などに「手土産はいらない」と伝えたい。そんなときはなんと言う？

友だちを何人か招いたところ、皆がお菓子を持ってきてくれて、かえって持て余してしまった。こんなことがないように、あらかじめ、手土産はいらないと伝えたい。そんなときには「お心づかいはご無用にお願いします。どうぞ、お気軽にお運びください」と言えば失礼にならず、こちらの真意を伝えることができる。

「ご無用に」の発端は江戸時代の虚無僧から、と言われる。門口に虚無僧が立って尺八を吹き施しを求めても、喜捨する気持ちがないときは「ご無用に」と言って、「うちは用がありません。お帰りください」と伝えたところから。

「結構です」「お断りです」よりやわらかく響き、相手も傷つかない。

葬儀などで「供物・供花のお心づかいはご無用に」と書いてあるのに持参するのはかえって失礼になる。相手の気持ちを汲《く》み取り、素直に従うことがマナーになる。

ご一報ください

相手の都合を知りたいときなど「連絡してください」は一方的で礼を欠く。ではどう言えばいい？

「ご一報」とは〝ちょっとした知らせ〟という意味で、日程調整の返事や送った資料が着いたかどうかを尋ねるなど比較的軽めの連絡を言う。「ご都合のよい日が決まりましたら、ご一報ください」「添付したファイルをお目通しになったら、感想などをご一報ください」などと、連絡がほしいことを丁寧に伝えたい場合によく使われる表現だ。

「お知らせください」「ご連絡ください」よりも、取り急ぎ、伝えてほしいというニュアンスを的確に伝える言葉だ。

こちらから、連絡する場合には「必ず一報差し上げます」のように使う。

最近はちょっとした連絡はLINEで、という人が増えているが、なかにはスマホは苦手という人もある。そんな人には電話で「一報」を入れるほうが親切だ。

お留守になっている

物も言いようだ。ほかのことに気をとられ、集中力を欠いていると注意したいときにはこう言ってみよう

「留守」とは主人が家にいないこと。大事なことが欠けて、空っぽになっているという意味だ。これが転じて、「手元がお留守になっている」と言うと「手元が空っぽになっている」つまり、「手元に注意がいっておらず、やるべきことがおろそかになっている」という意味になる。ほかにも**「頭がお留守……」「耳がお留守……」「足元がお留守……」**などと主に「体の部位」に「お留守」をつけ、意識が注がれていない、注意散漫だという意味で使う。

神経が注がれていないと注意する場合、「お留守」と言えばきつい響きにならず、しかしポイントを衝いて注意を喚起できる。上手に使いこなしたい言葉の一つだ。

同じ意味を伝える言葉に「上の空」「頭がよそにいっている」「他に気をとられている」「気が抜けている」「なおざりにする」「心ここにあらず」などがある。

手前みそ

自分で自分をほめる。でも、テレや恥ずかしい思いも入っている。そんなときにはこの表現を

自己紹介などで自慢を織り交ぜるなら「**手前みそになりますが女房は料理上手で**」などとこの言葉を使うと、自慢話もほほ笑ましく聞いてもらえる。

昔はみそは自分の家で作るのが当たり前だった。「手前」とは自分のこと。つまり、自作のみそをほめることをこう表現した。そこから自分のことや自分の手の内にあるものをほめることを「手前みそ」というようになった。

同様の謙遜表現に「**不束者《ふつつかもの》ですが**」がある。語源は「太束《ふとつか》」「丈夫で頼りになる人」と肯定的な言葉だったが平安時代ごろから繊細な人のほうが品がいいとされ、「ふつつか」はネガティブな意味に転じた。

「手前みそ」の類語には「自画自賛」「我田引水」「うぬぼれているようですが」など、「不束者」の類語には「至らない者ですが」「未熟者ですが」「弱輩者ですが」などがある。

おこがましいようですが

会合などで発言する場合に、ひと言添えるだけで、謙虚さを印象づける、大人こそ使いたい言葉

ベテランが多い会合に参加するようになって間もない。だが、古臭い論議に終始していて、なかなか話が進展しない。それを見かねてひと言言いたい。そんなときに**「ちょっといいですか」では子どもっぽい。**代わりに、「おこがましいようですが……」と切り出すと、「お、ものの言い方をちゃんと知っているな」と評価があらたまり、意見にもちゃんと耳を傾けてもらえるだろう。

「おこがましい」は中国の後漢時代に端を発する言葉で「ばかばかしい」という意味に使われていた。その後、「差し出がましいようですが」と謙遜表現へと変わったもの。「おこ」は「烏滸・尾籠」と書き、尾籠《びろう》の訓読。

よく似た言葉「厚かましい」との違いは、「おこがましい」には「恥を知っている」ニュアンスが込められているが、「厚かましい」には「恥ずかしいと思う気持ちがない」。

口幅ったいことを言うようですが

こう前置きしてから自分の意見を述べると、偉そうに……、という反感を招かずにすむ

地域の集まりなどにはたいてい長くその地に住んでいて、地域の世話役歴も長いような〝長老格〟の人がいるものだ。だが、その考えや意見はやや古い。見かねて自分も意見を述べたいというようなときにいきなり、「私の意見を言わせてもらえれば」では「なんだ、新参者のくせに」と反感をかいかねない。そんなとき、「口幅ったいことを言うようですが」と添えると、すんなり聞いてもらえるはずだ。

「口幅ったい」は「**身のほど知らずですが**」「**生意気なようですが**」**という意味**で、この言葉を前置きすれば「身のほどはわきまえておりますが」ということも含み、謙虚さを伝える効果がある。ただし、目上の人に使うのは絶対にNG。

「口幅ったい」は「口幅甚《くちはばいたし》」から約転したもの。「幅」は「顔が利く」を「幅が利く」というのと同じ。存在感を示すという意味合いになる。

お言葉を返すようですが

相手の言うことが明らかに間違っている。そんなときには反論の前にこのひと言を

相手の言葉に異論をさしはさむ場合のマスト言葉。「失礼ですが、思い違いではありませんか」などとストレートに指摘されれば、誰だって面白くない。だが「お言葉を返すようですが」と前置きすれば、**相手は、なにか指摘されるのだなと気持ちの準備ができ、ソフトな対応ができる。**

相手の指示が一方的でとても受け入れられない。そんな場合にも「お言葉を返すようですが……」と言ってから、こちらの主張を述べると受け入れられやすい。自分の言い分を聞いてもらいたいと思うなら、相手が付け入る隙がないくらい、きちんとした言葉を使って対応するように心がけよう。

丁寧な物言いではあるが、相手に反論し、対決することには変わらない。使うタイミングや語調にはくれぐれも気を配り、反論の主旨は端的に短くまとめるようにする。

有り体に申しますと

本当のことはあんがい言いにくい。だが、本音の付き合いでなければ長続きしない。そんなときは?

「有り体」とはあるがままの形、様子のこと。それをそのまま伝える。つまりは、「**本当のことを言えば」という意味を伝える言葉**だ。かなり古くから使われており、16世紀の『玉塵抄《ぎょくじんしょう》』にも登場している。

若い世代の間では「ぶっちゃけ」という言葉が頻繁に使われている。だが、ある程度の年齢になったら、こういう言葉は軽薄な印象になるだけだと心得よう。

「正直に申し上げると」は類語のように聞こえるが、こちらは「これまでの話には多少ウソも混じっていました」という意味にとられかねない。

また、「本音を言うと」「実のところ……」はやや軽いニュアンスになる。

こちらから相手に正直に話してもらいたいときに、「有り体に話してください」という言い方はあまりしない。この場合は「どうぞ、本心をおっしゃってください」がいい。

含むところ

「有り体」とは反対に、心のなかになにか言いにくい思いを持っている。そんなときに使う言葉

「なにか含むところがあるんだろう。最近、彼は私を避けているみたいだ」とか、「彼の目はなにか含むところを訴えているようだった」などと使う。

心のなかには言いたいことがある。だが、言葉に出してしまえば諍《いさか》いやトラブルを招くことになるだろう。だから、じっとその思いは腹にしまっている。「含むところ」とはそうした「腹のなかの思い」、**たいていは怒りや恨みなどネガティブな思いを言う。**

相手を避けるなどの言動から、その思いを察してほしい、というわけだ。

「私には含むところはいっさいありません」と言ったりもする。

同じ意味だが、やや硬い表現に「腹蔵なく」がある。ビジネスシーンや改まった席では「腹蔵のないところを話し合いたい」を使うほうがきちんとした印象を与える。

面目ありません

我ながら恥ずかしい大失態。こんなときには、大人にふさわしい言葉を使って失態をカバーしたい

「私としたことがとんでもないミスを犯してしまい、面目ありません」。思わず赤面するような失敗を犯したときなどにはこう詫びる。

「面目」はもともとは仏教の言葉で本来的な姿、真の自分という意味だった。そこから「体面」「(人に)合わせる顔」と変化していき、それがない、つまり、**合わせる顔がないほど恥じている、後悔しているという意味**になった。

「面目」はほかに「面目をつぶす」(相手の立場を危うくする)、「面目をほどこす」(体面を保つ)、「面目躍如」(世間の期待、評価にふさわしい大活躍をする)などとも使われる。

この上なく恥ずかしいと目上の人に伝えたいときには「忸怩《じくじ》たる思い」を使おう。「忸」も「怩」も「恥じる」の意味。やや古いがかしこまった表現になる。

合わせる顔がありません

——とんでもないミスをしてしまったときには、詫びに行く顔も持ち合わせない、そんな心を伝える言葉

「このたびは申し開きようのない失敗を犯してしまい、合わせる顔がありません」と言うと、合わせる顔がないのだからお詫びには行かないという意味にとられそうだが、実際は、相手の前には出られないほど恐縮していますという意味になる。

言うまでもないが、ミスや失態、失礼な言動をとってしまった場合は、何をおいても急いで相手のところに伺い、深く頭を下げるのがいちばんのお詫びになる。

このとき、「合わせる顔がない」と言うと、**実際は顔を出しているわけだが、内心ではそれほど申し訳ないと思っているという、かぎりなく深いお詫びを表明していることになる。**

同じようにこの上なく恐縮しているという思いを伝える言葉にはほかに「身の置きどころがない」「顔向けができない」「穴があったら入りたい」などがある。

お詫びの言葉もございません

――最上級のお詫びの言葉。こう謝られたら、許さざるを得なくなってしまう

軽いミスから重いミスまで、さまざまな場面で最もよく使われる謝罪の言葉は「申し訳ありません」だ。「大変申し訳ございませんでした」と丁寧に言えば、ほとんどの場面で通用する。

もっと深く丁寧にお詫びしたいときは「お詫びの言葉もございません」がいい。**あまりに申し訳ない気持ちが大きく、それを伝えるだけの言葉が見つからないという意味**で、つまりは、心の底から深くお詫びしていることを伝える、最上級の詫び言葉と言える。

「どうぞお許しください」と加えるのは、許してくれることを前提にしているととられかねない。最初のお詫びはひたすら謝ることに徹するほうがいい。

お気になさらないでください

――謝罪された場合、どう返事をすればいいのか、は意外に難しいもの

謝罪の内容によって対応が異なる。誰にでも起こりがちなミスくらいなら、「あまり気になさらないでください」。相手が目上や年長者なら、「どうぞ、お気になさらないでください」と言い、**状況しだいで「こちらも不注意でした」とか「私のほうももっと配慮すべきでした」などと言葉を添えると、よりいき届いた印象になる。**

かなり深刻なミスの場合も、起こってしまったことは元には戻らないのだから、くどくど責めるより、「以後はどうぞお気をつけください」と言う。場合によっては、「今回は私どもで処理いたしますが、次回からは弁償していただくことになります」などときっぱりと伝えることも必要だ。

詫びるどころか「そっちが悪い」と逆ギレする人があるが、こういう態度はいちばんみっともない。釈明や弁解よりもまず詫びる。これがお詫びの鉄則だ。

コラム
人付き合いを和やかにする「江戸しぐさ」

「江戸しぐさ」とは、100万人を超す人々が平穏に相和して暮らすために自然に生まれてきた他人との関わり合い方や心づかいを示したものだ。

この江戸しぐさを身につけた人を「粋な人」と呼び、憧れの的だったという。現代にもその精神を復活させ、人付き合いの知恵として伝えていきたいものだ。

肩引きしぐさ

道ですれ違うときは外側の肩をちょっと引けばぶつからずにすむ。このとき、お互いに軽くほほ笑むのもマナーとされた。

傘かしげ

雨降りの日、すれ違うときにはお互いに傘を外側に傾けると相手にしずくがかからない。

こぶし腰浮かせ

渡し船に乗り込むとき、一人ひとりがこぶし一つ分ずつ詰めて、後からきた乗客のために席を作ること。後から来た客は皆にお礼を言って乗り込む。

うかつあやまり

うっかり他人の足を踏んでしまったようなとき、踏んだ人は「すみません」と謝る。これは当たり前だが、踏まれたほうも「こちらもうっかりしていました」と謝る。

おはようにおはよう

人と顔を合わせたら、お互いに「おはよう」と挨拶する。江戸では上の者から率先して、としつけられた。

「はい、はい」

「はい」を二度繰り返すのは失礼。

逆らいしぐさ

「だって」「でも」「しかし」など相手に逆らうしぐさはしない。

のんきしぐさ

一にやる気、二に根気、三にのんき。何事も深刻に考えず、のんきに明るく生きる。

第4章

好感を抱かせる絶妙な言葉づかい

――社交上手な挨拶から、敬意のこもった切り出しまで――

初めてお目にかかります

上の立場の人などに初めて会うときは、「はじめまして」では軽すぎる。ではなんと言えばいい？

「はじめまして。○○です」という挨拶では、相手に対する敬意が十分伝わらない。目上の人や年長者に対する大人らしい行き届いた挨拶としては、「初めてお目にかかります。○○と申します」と挨拶するのが正しいマナーだ。

「お初にお目にかかります」と言う人もあるようだが、相手によっては、「お初に……」という表現に抵抗感を持つこともあるので注意したい。

久しぶりに会う人に対しては「お久しぶりです」「お久しゅうございます」だけでなく、「**以前、大変お世話になりました○○です。お元気そうで何よりです**」などと**つけ加えるとより丁寧**だ。

立場が上の人に初めて会う場合は、相手が声をかけるのを待ってから挨拶するほうが好感を得られる。にこやかな表情、明るい声を心がけよう。

お見知りおきください

初対面の挨拶の後の決まり言葉。「今後とも、どうぞよろしく」よりも控えめで、ずっと品よく聞こえる

ビジネスシーンならば、名刺を差し出しながら使う決まり言葉だ。リタイア後など、名刺と縁がない暮らしになったら、初対面の挨拶の後、名前と「貿易関係の仕事をしておりました」とか「山が好きでけっこうあちこち登ってきました」などと趣味や得意なことなどに軽く触れ、「以後、お見知りおきください」と締めるとスマートだ。**ただ「よろしく」と言うより親しげで感じがよく、以後の付き合いがスムーズに進んでいく**はずだ。

こうした、初めて出会った人と新しい人間関係を育てていこうとする積極的な努力を惜しんでいると、〝孤独老人〟になってしまう。

知人を人に紹介する場合も、「彼は私の後輩で……」などと引き合わせた後、「以後、お見知りおきください」とまとめると出すぎず控えめで、品のいい紹介になる。

○○さんでいらっしゃいますか

相手がたしかに○○さんであると確認したいときにはこう言うと失礼な印象にならない

在職中はもちろん、リタイアしてからもなんらかの名刺を持っている人が増えている。パソコンで簡単に作成できることもあるだろうが、長い間の習慣から、名刺がないと自分の存在証明ができないと感じるからかもしれない。

名刺を受け取ったら、相手の名前を口に出し、「○○様でいらっしゃいますか」と確認するとよい。このとき、「○○様ですか？」は言うまでもないだろうが、丁寧さがなくNG。「○○様でございますか」は一見丁寧なようだが、「ございますか」は「ある」の丁寧語。**相手をモノとして扱っている印象になり、実はとても失礼な表現になる**ことを心得ておきたい。

初対面の人と待ち合わせた場合などにそれらしい人に声をかけるときは「○○さんでいらっしゃいますか。××でございます」と言えば礼を失することがない。

ご高名はかねがね

人を紹介されたときに、「以前からお名前は知っていました」では失礼だ。より丁重な言い方は？

パーティなどで以前から会いたいと思っていた人に紹介してもらった。そんなときには、「ご高名はかねがね存じあげておりました」と言うと、相手は悪い気持ちはせず、その後もよい付き合いに発展していく可能性大だ。

「高名」とは高い評価を得たり、社会的地位があり、その名前が広く知れ渡っている人に対する尊敬語。そんな人と出会えてうれしいという気持ちを示すためには「**お目にかかれて本当に光栄です**」**と言葉をつけ加えるとよい。**

世間的に名を知られているわけではない人には「○○さんからお噂はよく伺っていたんですよ」などと言うと、親しみが湧きやすい。

「高名」は社会的に評価を得ている人、「有名」はよくも悪くも名前が世間に広く知られている人、「著名」はある領域で功績があり、その名を知られている人に使う。

もったいないお言葉です

目上の人にほめられたときには迷わずこの言葉を使う。必ず満点をもらえる返し言葉だ

目上の人や年長者からほめられたりすると、恐縮のあまり、「ご冗談を」とか「からかわないでください」などと、相手の言葉を否定してはいないだろうか。もし、謙虚にへりくだった対応をしたいならば、最もふさわしい言葉は「もったいないお言葉です」だ。

「もったいない」は漢字では「勿体無い」。本来は「物体」と書き、仏教では「物が本来あるべき形」→「本質」という意味に使われる。その否定語である「もったいない」は「本来あるべきものがない」、「妥当ではない」「ふさわしくない」という意味で使われるようになった。つまり、**「私にはふさわしくない」**→**「私には過ぎた言葉で恐縮するばかりです」という意味で、最も丁寧な返し言葉になる**というわけだ。

「過分なおほめをいただきまして」も丁重で品のよさを感じさせる言葉だ。「〇〇先生からおほめいただくなど、光栄に存じます」も大人らしい返し言葉と言えよう。

あだやおろそか

無駄にはしませんよ、という気持ちを強調したいときに使うとメリハリのある表現になる

自分にもやっとチャンスが巡ってきた。こんなとき、待望の機会を与えてくれた人に対して、「ありがとうございます。長年、待望してきたチャンスです。あだやおろそかにはいたしません」と言うと、相手は、チャンスを与えたことに深い満足を抱くはずだ。

「徒《あだ》や」は中身がなく、空っぽであること。「疎《おろそ》か」はいい加減に扱うという意味だ。つまり「徒や疎かに」とは、いい加減に扱って無駄にするという意味になる。

「そうはしません」と常に否定形と一緒に使い、**どんなことがあっても無駄にしない、いただいたチャンスは必ずモノにします、**と強い意志を表す。

「あだやおろそかにしない」のは恩やチャンスなど抽象的なものの限定で、金銭やモノをもらったときには「大事にします」という意味であってもこの言葉は使わない。

承知いたしました

指示を受けたとき「わかりました」では木で鼻をくくったような印象になる。では、どう言えばいい？

「これを……してください」などと指示された場合、「はい、わかりました」と返事をする人が多いのではないか。だが、これでは幼い印象が残り、大人の言葉づかいとしてはふさわしくない。ぜひ、「承知いたしました」を使おう。

「承知」は「わかる」の謙譲語。「承知いたしました」と謙遜表現して、相手への敬意を示している。

「承知しました」という人もあるが、**「承知しました」はカジュアルすぎる。**気心の知れた間柄なら「承知しました」でもいいが、改まった席やきちんとした会合では「承知いたしました」という敬語表現を使うのがマナーだ。

「了解しました」を同じように使う人があるが「了解しました」は厳密に言えば、権限を持つものが許可を与えるというニュアンスがあり、目上の人には使わない。

かしこまりました

地域のシニア活動など、作法に通じた年配者がいる場にふさわしい「かしこまりました」も覚えておきたい

「わかりました」をより丁重に、品よく言いたい場合にうってつけなのが「かしこまりました」だ。

「わかりました」と同じ意味だが、「かしこまりました」は「襟をただす」「姿勢をただす」など体をきちんと整えるという言葉からきているだけに、「承知いたしました」と比べると、より真摯で礼儀正しさを感じさせる表現になる。

つまり、**「わかりました」**＜**「承知しました」**＜**「承知いたしました」**＜**「かしこまりました」**の順で相手への敬意が高くなると考え、相手の社会的地位、自分との関係性などを考えて使い分けたい。

メールなどでも同様に使い分ける。だが、あまり気づかいすぎる表現、たとえば「かしこまりました」をしょっちゅう使うと、かえって距離感を感じさせてしまう恐れもある。

寡聞《かぶん》にして

「知らない」と言えばバカだなと思われるが、この言葉を使えば「たまたま知らないだけね」となる

「ベネチアはいわば海上に浮かぶ島だったが、そこに数えきれないほどの杭を打ち込んでそれを土台として建物を建てたんだって、キミ、知っていた？」。イタリア旅行から帰ってきた取引先の上司が盛んにこんな話をする。こういうときには**「寡聞にして存じませんでした」**と返すと、大人にふさわしい応答になる。

「寡聞」の「寡」は「少ない」という意味。「寡聞」で「見聞が少ない」↓「知識が少ない」ことを意味し、自分は学識が足りない、教養が豊かでない、経験も知識も足りないと謙遜した表現になり、結果的に相手の知識が豊富だとほめ、敬う姿勢を示すことになる。

「不勉強で……」という言葉も同様に使える。「寡聞にして」はやや改まった場合や目上の人に。「不勉強で」のほうは普段の会話に違和感なく使える言葉だ。

後学のために

なにかを尋ねるときにこう言うと、向上心が豊かで、積極的に知識を増やそうとしている姿勢を伝えられる

「後学」とは後に自分に役立ちそうな知識や学問を指す言葉だ。打ち合わせや普段の会話などで相手が、自分が知らないことを口にした。そんなとき、「よくわからないので教えてください」では大人の言葉づかいとは認められにくい。

そんなときに使いたいのが「後学のためにお教えください」だ。**学ぼうとする積極的な意欲、姿勢を相手に伝えられる。**そればかりでなく、「広く深い知識をお持ちのあなたにぜひ、ご教示いただきたい」というニュアンスも伝えることができ、それとなく相手をほめることにもなる。

「参考までに」も同様に使われるが、こちらは謙虚さが足りず、丁寧さにも欠ける。

「向学心に燃える」は、本気で勉学に励もうという意志を伝える。「後学のために」はそこまでマジメに学ぼうという場合でなくてもよく使われる。

不躾《ぶしつけ》なお願いですが

それほど親しくはない人に頼みごとをするときにはこの言葉で切り出すとスムーズに聞いてもらえる

顔見知り程度の間柄なのに頼みごとをしたい。そんなとき、「失礼ですが……」では気持ちは十分伝わらない。声をかけるほうも少々気が引けるものだ。

そんなときに使う必殺効果がある言葉が「不躾ですが……」だ。

「不躾」は文字通り、躾がない→礼儀をわきまえていないことを意味する。つまり、**必ず自分の行動に対して使う言葉**であることをしっかり覚えておこう。言うまでもなくへりくだった表現で、こう言って相手への礼を尽くす意味合いもある。

「不躾なお願いですが……」のほか「不躾な質問ですが……」「不躾を働いてしまい……」などとも使う。

「突然のお願いで失礼ですが……」「失礼は重々承知でお尋ねいたしますが……」「厚かましいお願いで恐縮ですが……」なども同じようなシーンで使える言葉だ。

お手をわずらわせますが

――調べものや調整してもらうなど、相手に手間をかけることを依頼する場合にはぜひ、このひと言を

「わずらわせる」は面倒をかける、迷惑をかけるという意味。頼みごとのなかでも、相手に多少なりと手間をかけるようなことを頼む場合には「お忙しいところ、お手をわずらわせますが……」と添えるとぐっと丁寧な印象になる。**特に、目上の人に依頼する場合は、この言葉があるとないとでは印象が大きく異なる。**

「お使いだてして……」もほぼ同じように使える言葉だ。これらの言葉はクッション言葉と言って、依頼をする場合などに、本題に入る前に使うと相手の受け止め方が和らぎ、快く聞き入れられやすくなる効果がある。

「お手をわずらわせて申し訳ありませんでした」とお詫びの言葉としても使える。

強く頼み込む場合には「平にお願いいたします」と言う。頭を地面にこすりつけるまでにへりくだり、全身全霊で相手にすがるように頼むイメージを伝える表現だ。

ご散財をおかけしてしまい――

老舗の鰻《うなぎ》屋で先輩にご馳走になった。そんなときにこう言うと株が上がる

「昼食でもご一緒しましょう」と誘われ、ついていったら有名な鰻屋だった。相手は年長とはいえ、いまは年金暮らし。それなのに、「今日は任せてくれよ」と言ってお金を受け取ろうとしない。

こんな場合は素直にご馳走になり、「今日は久しぶりに老舗の味を堪能させていただきました。すっかりご散財をかけてしまって……」と言うと、「おっ、なかなか心憎い言葉を知っているな」と評価がぐんと上がるはずだ。

「ご散財」は思わぬお金を使わせること。こう言うからには、居酒屋など安い店では皮肉に聞こえかねない。**それなりの高級そうな店などの場合のみに使うこと。**

> **資産家の跡継ぎなど相手の懐に余裕があることは知っている。そんな場合に「ご散財……」はかえって嫌みに聞こえかねないので、素直に「ご馳走さま」ですませよう。**

ご相伴《しょうばん》にあずかる

自分は招かれているわけではないが、知人と一緒だったのでお誘いがかかった。そんなときはこのひと言を

地域の会合に行ったところ、リーダー役の人が相方に「お昼でもどう？　ご馳走させていただくよ」と声をかけていた。偶然、そこに居合わせたことから、あなたにも「君もぜひご一緒に」と言ってもらった……。

こんなとき、「ラッキー！　今日はついてる！」と言ったりしていないだろうか。ある年代になったらこれでは恥ずかしい。「よろしいのですか？　では、お言葉に甘えてご相伴にあずからせていただきます」くらいの言葉を返したい。

「ご相伴させていただきます」は茶道の作法から転じて一般的にも使われるようになった言葉だが、**必ずメインゲストがほかにいる場合のみに使う。**

「お供させていただきます」「ご一緒させていただきます」も同じように使える。「お付き合いさせていただきます」は義務的に同席するというニュアンスがあり、NG。

苦手なので

「嫌い」「いやだ」など否定的な言葉はなるべく使わないようにすると品のいい会話になる

食事をしようとメニューを見ていると、「私、これ大嫌いなの」とか「オレ、鶏はダメなんだ。鳥肌って言うだろ。気持ち悪くないか、あれ」などと言い出す人がある。こうした言葉は場の雰囲気を壊すだけでなく、言った人の品位も下げる。「私、これ、ちょっと苦手で……」などと普段から相手の考え方を否定するネガティブ言葉やけなし言葉を感じよく言い換える表現を身につけておきたい。

・嫌い、いやだ→「苦手」　・派手な→個性的な服装　・地味な趣味の人→シックなお好み　・鈍い→おっとりしている　・口うるさい→ご自分の意見をしっかりお持ちで　・太っている→ふくよかな印象　・騒がしい人→賑《にぎ》やかな方……など

肯定、否定にかかわらず、相手の言葉に対応するときは、いったん「そうですね」と受け止めてから自分の意見を述べると穏やかで感じのいい対応になる。

いただき立ちですが

食事に招かれた。だが、急用で、食後すぐに辞さなければならない。そんなときに使いたい必殺のひと言だ

食事に招く裏には「心を開いてゆっくりお話ししたい」という気持ちが込められているもの。それなのに、どうしても外せない用事ができてしまい、食後すぐに辞去しなければならない。これはかなりの失礼になることを認識しておきたい。

こんなとき、「すみません。ちょっと用事ができてしまい……。食い逃げみたいで心苦しいのですが……」などと言っていたとしたらかなり恥ずかしい。

こういうときには「**いただき立ちで大変申し訳ないのですが……」と言うのが大人にふさわしい言葉づかい。**心ある相手なら事情を察してくれ、「どうぞ、お急ぎになってください」とかえって気をつかってくれるはずだ。

相手が若く、「いただき立ち」という言葉は知っていそうもない。そんな場合は「失礼をお許しください。どうしても外せない用事があり……」と言ってみよう。

お勘定をお願いします

レストランなどで食事が終わり、支払いをしたいときにはどう声をかければ好印象になる？

よく耳にするのが「お愛想《あいそ》をお願いします」だ。本人は〝通〟のつもりなのかもしれないが、とんだ思い違いであることに気づいてほしい。

「お愛想……」はもともと店側が使っていた「勘定」に代わる隠語。水面下に「大したもてなしもできず、せめてお愛想で補います」という意味が隠されている。

お客側が使うべきは「お会計をお願いします」か「お勘定をお願いします」だ。ちなみに、値段を尋ねるときは「これ、いくら？」では乱暴すぎる。「いかほどですか？」、もしくは「おいくらですか？」と尋ねると感じがよい。

割り勘にするなら誰かがまとめて支払い、店を出てから各負担分を集めるようにしたい。一人ひとり異なるものを頼んだときは「支払いは別々で……」と言えばいい。

コラム 最低限知っておきたい 手紙を書くときの決まり

手紙では、書き出しの言葉「頭語」と結びの言葉「結語」を使うのが正式とされる。それぞれ決まった組み合わせがあるので覚えておこう。

手紙の種類	頭語―結語
一般的な手紙	拝啓―敬具 拝呈―敬白 一筆申し上げます―かしこ（差出人が女性の場合・以下同）
改まった手紙	謹啓―謹言 恭敬―謹白 謹んで申し上げます―かしこ

前文を省略する手紙	前略—草々・不一 前文お許しください—かしこ 前略　ごめんください—かしこ
急ぎの手紙	急啓—草々・不一 急白—拝具 取り急ぎ申し上げます—草々・かしこ
一般的な返信	拝復—敬具 謹復—敬白・敬答 お手紙拝見いたしました—かしこ
改まった返信	謹復—謹言 謹答—敬白 お手紙謹んで拝見いたしました—かしこ

第5章

みっともない応答から、
稚拙なミスまで――

語彙力を疑われるものの言い方

どうも

言葉は最後まできちんと言う。「どうも……」で語尾を濁すのは軽薄な印象になる

相手から挨拶をされた。そんなとき、頭を下げながら「どうも……」と言って終わり、ということはないだろうか。「どうも……」は便利な言葉で、これでなんとなくすんでしまうため、あまり意識することはないが、**見識を問われる年代になったら、言葉はいつも最後まできちんと言う**ことをしっかり身につけていたい。

最後まできちんと言う。これは自分の言葉にちゃんと責任を持ちます、という意思表示にも通じる。こうした誠意のこもった言葉づかいの人に出会うと、「教養のある人」「品のいい人」と感じ、聞いているだけで気持ちがいい。

お礼やお詫《わ》びも「どうも……」ですませていないだろうか。「どうもありがとうございます」「どうも申し訳ありませんでした」と言わないと信用にも関わってくる。

ちょっと

ちょっとお願い、など気楽に使いがちな言葉だが、ちゃんとした大人の会話では不似合い

「ちょっとそこまで」「ちょっと都合が悪くて」など、「ちょっと」も非常に便利な言葉だ。だが、「ちょっと」はあってもなくてもいい場合が多く、したがって、言ったことに深い意味はない。自分の言葉に責任は持ちたくない……という予防線的な言葉だと受け取られる可能性がないとは言えない。

似たような言葉に「いちおう」「わりと」「なんか」なども適当に意味をぼかして、自分の意見は述べない。こうした**曖昧表現では真心は伝わらない。**

こういう言葉を乱用する人はまわりの人から評価されず、最終的には孤立してしまう結果になる可能性がきわめて大きい。

「なんかいいかも」「私的にはいいと思います」というような表現を若者的、今風でいいと思って使っていないか。これも曖昧言葉。大人の表現としては品性に欠ける。

ヤツ

「あっちのヤツを見せてください」などと物や品を「ヤツ」と言うと下品な印象になる

「ヤツ」は「奴《やっこ》」と同じ意味の言葉。もともとは家にいる使用人を言った。そのうちに、「かわいいヤツだ」「憎めないヤツでね」のように、目上の者が下の者を愛情を込めて言う言葉になっていった。

しだいに、「もっと大きいヤツがいい」「どこかで見かけたことがあるヤツ」などと広く使われるようになっていき、いまではなんでも「ヤツ」と言ってすませる傾向がみられるくらいだ。これは絶対にタブーだと考えよう。

ちゃんとした大人なら、**「もう少し大きいシャツを見せてください」「お見かけしたことがある方」のように、対象に即した言葉をきちんと使いたい。**

金額を尋ねる場合「あっちのヤツは、いくら？」はあけすけすぎる。「あちらのお値段はいかほどですか？」とか「あれはいかほど？」と尋ねると品よく聞こえる。

別にぃ

とりたてて答えるほどのことはなくても、「別にぃ」と答えるのは失礼すぎる

「なにか変わったことはありませんでしたか？」久しぶりに会った人からこう尋ねられたような場合、特に大きな変化や出来事はなかったとしても、「別にぃ」とだけ答えるのでは誠意がなさすぎる。以前、「別にぃ」と答えて、しばらくマスコミから総スカンを食った女優がいたほどだ。

「別に」は「別に～ありません」と言うと打消しの言葉を伴って、その話題を否定する場合に使われる。せめて「**特に何事もありませんでした**」とか「**お陰様で平穏無事でした**」などと答え、**わざわざ尋ねてくれた相手の心づかいに応える**ようにしたい。

なにか質問されたときは「別に」「特には」などと最後まで述べない答え方は失礼だ。「特に変わったことはありません」などと最後まできちんと答える習慣をつけよう。

そうですか

「へえ、そうですか」、「なるほどねぇ」はよく言いがちだが、上から目線を感じさせ、失礼になる

「そうですか」の丁寧表現とされている「さようでございますか」もたいていの場合、言われたほうは不快感を覚えるものだ。「そうですか」も「さようですか」も相手が話したことを受け、それが妥当だと答えていることになる。

それがなぜダメなのか？　実は、相手の説明は「もう、とっくに知っているよ」というニュアンスが含まれるため、相手を見下した感じになってしまうのだ。

相手の言うことに心底同意し、理解したということを示す場合は「よくわかりました」「はい、了解いたしました」「そういうことだったのですね」などと言うようにするとよい。

「なるほど」は古語で「成る程」。「成る」はＯＫ。「程」は「〜のようだ」という意味。もともと上の者が下の者に対して使う言葉で、上から目線を感じさせることになる。

～でいいです

喫茶店に入ったときなど「私、コーヒーでいいです」はNGワード。なぜか？

そば屋、ファミレス、喫茶店などに何名かで入ったとき、誰かが「オレ、コーヒー」と言うと、「オレもコーヒーでいいや」と言う人がある。

「～で」は、本当はほかに頼みたいものがあるのだが、「コーヒーで妥協しておくよ」、あるいは「コーヒーで我慢するよ」というニュアンスになり、感じが悪い。

自分が心からコーヒーを飲みたい。それが偶然、他の人と重なったという場合なら、「**私も同じものを**」と言ったり、「**私もコーヒーをいただきます**」と言うとそれだけで、ぐんとよい印象になるものだ。

「で」と言うか、「を」と言うか。たった一文字だがおろそかにしないように。

レストランなどで隣のテーブルの人が食べているものを指し、「あれと同じものを」も失礼だ。こういうときは店の人に小声で尋ねて「では、それを」などと言うとよい。

超

かなり一般化してきたものの、若者言葉だった「超」を、いい年をした大人が乱発すると品を損なう

「最近、孫とよくゲームをするんです。超面白くて、超はまっちゃいました」

こんな風に話して悦に入っているシニアを見かけることがある。

本人は、時代に遅れない話し方を身につけているのだと思い込んでいて、得意なのだろう。だが、50代以上になったら、こういう言い方は若さにしがみつこうとしているようでかえって感じが悪い。軽薄な人だという印象にもなりがちだ。

「**とても面白くて**」「**すっかりはまってしまいました**」などと「超」を使わないきちんとした表現のほうが品性や教養を感じさせ、好感を持たれるものだ。

公的な場所では、若者も「超」は使わないほうがいい。

超→並外れた、超→きわめて、超→ものすごく……など、「超」を言い換える語彙を増やしたい。やや抑えめの表現のほうが分別ある大人を印象づけられる。

すごい

たいていのことは表現できる便利な言葉だが、頻繁に使うと教養の程度を疑われる

「すごい！」「すげぇ！」「マジすげぇ」。最近の若者の会話は「すごい」のオンパレードと言ってもよいくらい。その影響を受けてか、大人の会話にも「すごいですねぇ」がしばしば登場することがあるようだ。

だが、「すごい」という言葉をしきりに使うと、それ以外の表現はできないのかとバカっぽい印象を与える恐れがある。

むしろ、**できるだけ「すごい」を使わず、多様な言い換え表現を駆使**して、豊かな語彙力をアピールしたい。

「すごい」に変わる語彙には「著しい」「激しい」「目覚ましい」「輝かしい」「すさまじい」「とてつもない」「はなはだしい」「最高に」……などがある。

やばい

「すごい」と並んで若者会話に頻繁に使われており、いまでは「肯定的な意味」で使われることも多い

「やばい」は「具合が悪い」とか「不都合だ」という意味、つまり、ネガティブな意味で使われていた。語源は「弥危《いやあぶない》」にさかのぼると言われ、そこから「あやぶい」↓「具合が悪い」となったもの。また、江戸時代の囚人が看守を「やば」と呼んだことからという説もあり、いずれにしても**悪ガキ仲間で使われる品の悪い言葉だった。**

ところが1980年ごろから若者の間で「やばい」を「恰好《かっこう》悪い」という意味で使うようになり、90年代からはさらに、「すごい」「恰好いい」という肯定的な意味が加わった。だが、大人の言葉としては使用を控えたほうがよいだろう。

若者言葉を積極的に使うほうが若々しい印象を与えるというのは根拠のない思い込み。多少古めかしくても正しい言葉づかいを守るほうがずっと感じがいいものだ。

マジ

最近では「マジ」は「マジ、やばい」「マジ、むかつく」など、形容詞的に使われることも増えているが……

「マジ」はいわゆる若者言葉だと思っている人が多いのではないだろうか。意外にも**「マジ」は江戸時代から使われていた言葉。**言うまでもなく、語源は「真面目」。当時は芸人の楽屋言葉として使われていたようだ。そんな古い言葉が1980年代から若者の間で使われるようになり、いまではすっかり定着している。

ほかにも**「ムカつく」は平安時代から使われている言葉。**当時は「体調が悪い」ことを言ったが、現在では「腹が立つ」「いらだつ」という意味で使われている。**「モテる」も江戸時代からの言葉。**「持てる」から「持ちこたえられる」に、さらに「支えられる」→「もてはやされる」と意味が転化していったものだ。

「ビビる」「ヘコむ」「キモい」などもルーツをたどると平安や江戸時代から使われていた言葉だ。だが、そうだとしても、安易に使うと大人社会では軽視されるだけだ。

どうか、お願いです

自分では丁寧に依頼しているつもりだろうが、正式な場や年長者に対しては、この言い方は通用しない

目上の人や年長者にお願いや相談をもちかけるときには**「折り入ってお願いがございます」「折り入ってご相談させていただきたいのですが」**と言うと、しっかりした言葉の使い方を知っている人だなという印象を与えることができる。

「折り入って」はかつては「改まる」と同じ意味に使われていた言葉で、態度や言葉をきちんと整えるという意味になる。「折り」は物事のけじめがしっかりついている。また立ち居振る舞いが正しいことを意味している。「折り入って」もその流れを汲む丁重で品格を感じさせる言葉だ。

したがってちょっと頼みたい、というような軽い願いごとには使わない。

「折り入ってお願いがある」と切り出されたら、こちらも真摯に対応するのが礼儀というもの。「できるだけのことはいたします」と答えるのがマナーだ。

用ができてしまい——

約束を変更してもらいたいときは、やむを得ない事情ができたというニュアンスを添えて誠意を伝える

約束の日時を変更したい、誘いを受けたが辞退しなければならない。こんなときは**「よんどころない事情ができまして」**という言葉を添えると大人らしい表現になり、あれこれ理由を述べなくても気持ちよく了解してもらえるはずだ。

「よんどころ」は「拠りどころ」が変化したもの。「拠りどころ」は頼るところ。それがない。つまり、自分が処理するほかに方法がないという意味になり、「やむを得ず」「仕方なく」という意味になっていった。

「よんどころない事情ができまして」と言われたら、詳しい事情を聞くのはヤボ。「承知いたしました」とすんなり受け止めるのが暗黙の了解になっている。

本当に事情があって出かけられないときだけでなく、誘いを受けたがあまり気乗りしない。そんな場合にも「よんどころない事情が……」と断るとスマートだ。

知りません

なにかを尋ねられたとき、「知りません」では木で鼻をくくったような印象になり、幻滅される

質問を受けたが知らないことで答えられない。そんなとき「わかりません」「知りません」では自ら「バカだ」と言っているのも同じ。「知らなかった」ことだけでなく、ちゃんとした大人の対応もできないのか、とさらに評価を下げてしまう。

こうしたときに使いたいのが**「不勉強で、存じません」「不勉強で申し訳ありません」**という返答だ。「不勉強……」には、努力が足りませんでした、という反省の意味が含まれるので、好印象になる。

「知らなかった」と答えた後に、「お教えいただけませんでしょうか」と謙虚にお願いすると、相手は自尊心をくすぐられ、かえって好感を持たれる可能性が大きい。

それまで知らなかったことを教えてもらったのだから、「よいことを教えていただきました」「お陰でよい勉強をさせていただきました」などとお礼を言うといっそう丁寧だ。

つい、うっかり

「ごめん、つい、うっかりしちゃって」を大人の言葉に言い換えたいときには「不覚にも」を使う

「不覚」とは「常日頃からの心構え」を意味する「覚」がない様子。転じて、うっかりする、油断する、不注意な、軽率にも……という意味になる。

本来は仏教用語で「無明《むみょう》」と同じ意味。仏の知恵に暗いことを意味する言葉だった。そうしたところから、**「知恵がない」→「注意不足」→「うっかり」という意味に転じていったもの。**「不覚にも寝坊し、遅刻してしまった」などと使う。

ほかにも「不覚にも涙をこぼしてしまった」「不覚にも我を忘れて……」などと、気持ちがしっかりしていない状態を示したり、自分自身をコントロールしきれずに、してはいけない行動に奔《はし》ってしまった、という場合にも使われる。

「不覚」には「このチャンスを逃したのは一生の不覚」「彼女のセクシーな姿に心乱れてしまったのは誠に不覚であった」などという使い方もある。

まだまだです

ほめられたら、どう返したらいい？　実は失礼な返事をしている人がかなり多いようだが

ほめられたとき、「そんなこと、ありません」とか「お世辞を言わないでください」「たまたま、まぐれで……」などと言い、謙遜しているつもりになっていないだろうか。これらは相手のほめ言葉を否定しているわけで、かなり失礼にあたる。「まだまだ力不足で」と答えると、相手の審美眼が足りないと言っていることになりかねず、これも失礼だ。

ほめられたときの返し言葉は「**ありがとうございます**」のひと言に尽きる。その後、「**おほめいただいて本当にうれしいです**」などと加えてとにかく素直に、相手の言葉を喜ぶのがいちばん感じがいい。

「いつも応援していただいたお陰です。ありがとうございました」などと相手の力添えがあったからとほめ返すと、お互いに幸せな気分になり、最高の応対になる。

ここだけの話ですよ

まだ公表する段階ではないが、という情報はよくあるものだが、「ここだけ……」は表現が稚拙すぎる

「この話、ここだけの話ですよ」「絶対、秘密ですよ」などという断り付きの話ほど漏れやすいように感じるが、気のせいだろうか。それはともかく、ここだけの話なので、他の人には言わないように、と伝えたい場合の大人表現は「**ご内聞にお願いします**」と言う。

「内聞」は文字通り、内々に聞くだけに止《とど》めること。外には漏らさないという暗黙の了解を含んだ表現だ。「**どうぞご内密に**」「**オフレコでお願いします**」「**他言は無用にお願いいたします**」も同様の意味を伝える言葉だ。

「よそでは言わないでください」は幼稚すぎ、よほど親しい間以外は使わない。

「あなただから信頼してお話しするのですが……」と話しかける人があるが、こうした人は誰にもこう言っている可能性大。初めから何も聞かないほうが賢明だ。

体に気をつけてください

相手を気づかう言葉だとはわかるが、いい年をした大人なのだから、もう少し洗練された表現を

手紙やメールでは「**ご自愛ください**」という表現を使う。「自」は自分の体を、「愛」は慈しみ、大事にするという意味で、「どうぞ、ご自身のお体を大切にしてください」という意味になる。一般的に、「季節の変わり目ですから」とか「まだまだ残暑が厳しい折から……」など、時候を表す言葉の後に続けて使われる。

「お体、ご自愛ください」は、ご自愛にすでに体を大切にという意味が含まれており、体が重なるので避ける。

また、体調を崩していることを知っている場合は、「**その後、ご体調はいかがですか。一日も早いご快癒をお祈りします**」などと書くようにする。

「ご自愛ください」と言われたら「お気づかい、ありがとうございます」と返すようにする。さらに「○○さんもどうぞお元気で過ごされますように」と続けるといい。

明日、早く出れる？

「〜られる」という助動詞の活用形の使い方に異変が起こっている。正しい使用法は？

本来は「明日、早く出られますか？」と言うべきところを、近年では「出れますか？」と「ら」を抜いて使う人が増えている。ほかにも「食べれる（正しくは、食べられる）」、「着れる（着られる）」「見れる（見られる）」……などがある。

可能、尊敬、受身、自発などを表す助動詞「られる」のうち、可能を意味するときだけ、「ら」が抜けるのだ。

若者の間ではよく使われているが、さすがに大人世代では大半の人は「ら抜き」を使っていない。今後も大人は、若い世代の手本を示す意味でも、「ら抜き」を使わないようにしていきたい。

毎年実施される文化庁の「国語に関する世論調査」の結果では、徐々に「ら抜き」を使う人が増えており、平成27年度、16〜19歳では「ら抜き」が約半数に迫っている。

いま、行きます

これでは子どもっぽい。相手を立て、自分はへりくだった表現で、つつましさと品性を印象づけたい

「いまからそっちへ行きますから……」。急いでいるときなど、つい、こうした言葉づかいをしてしまいがち。丁寧な言葉づかいに慣れている年長者には、こんな言い方は非常に失礼に聞こえ、「年寄りをバカにしている」と思わぬ怒りを招いてしまうこともあるので要注意。

「これからそちらへお伺いいたします」「**いまからそちらに参ります**」と言えば、すぐにご機嫌は直るはずだ。

「知っています」は「**存じております**」「**存じあげる**」。「聞く」は「**お聞きいたします**」「**拝聴する**」などが謙譲語表現となる。

「あちらで伺ってください」など謙譲語を尊敬語と混同し、相手の行為につけてしまう間違いはよく犯しがち。「あちらでお尋ねください」が正しい表現。

先生はもうお帰りになられました

──丁寧にと気づかうあまり、敬語を使いすぎることがある。二重敬語はくどいし、慇懃《いんぎん》無礼になる

いくら相手が偉い人であっても敬語は文中に一つが原則。ところが敬語を重ねて使う「二重敬語」はよく耳にする。たとえば、「先生はもうお帰りになられました」「こちらから伺わせていただきます」「お喜びになっておられました」など。「先生はもう帰られました」「こちらから伺います」「お喜びでした」と**敬語を一つにすると礼を欠くことなく、かつ、すっきりしたほどよい表現になる。**

若者の間ではなんでも丁寧に言っておけば間違いないと思うからか、かえって敬語が過剰になる傾向が目立つが、大人はそんな間違いは犯さないように。

敬語が重なりそうになったら、文の頭部分は軽く、後ろに来る部分を敬語にすると、スマートで、しかも敬意を込めた印象が強くなり、好感を持たれる。

させていただきます

よく見かける敬語の間違い。「〜いたします」のほうがすっきりして、かえって敬語上手の印象になる

「本日、休業させていただきます」という張り紙をよく見かける。習い事を休む場合にも「今日はお休みさせていただきます」と連絡したことはないだろうか。

丁寧に、品よく言っているつもりなのだろうが、相手の許可を得て休むわけではない。むしろ淡々と「**本日、休業いたします**」。習い事の先生にも「今日はお休みいたします」と言えば十分。すっきりした言い方でかえって好感を与えるはずだ。

さらによくあるのが「書きます」と言えばいいものを「書かさせていただきます」。「資料をお送りさせていただきます」。正しい敬語表現は「**書かせていただきます**」「**資料をお送りいたします**」。

敬語に自信がないととにかく丁寧に、敬ってと思い、やたらにくどい言い方になる傾向が強い。すっきりスマートな敬語表現を身につけるようにしたい。

コラム 誰からも「できる！」と思われる四字熟語

○ 悪事千里《あくじせんり》

悪い評判はすぐに遠くまで知れ渡るという意味
ネット時代の現在はさらに加速されている

「昨日の夜中に事故を起こしてしまったんだが、今朝はもう職場の皆が知っている。悪事千里を行くを実感したよ」などと使う。

中国の宋の時代の『北夢瑣言《ほくぼうさげん》』に見られる「好事《こうじ》門を出《い》でず、悪事千里を行く」が語源。「よいニュースはなかなか広がらないが、**悪い噂は羽が生えたようにすぐに広がる**」。ここから後半だけ使われるようになったものだ。

ネット時代の現在は悪事であれ、よいことであれ、まさに一瞬で不特定多数に知れ渡ってしまう

○阿鼻叫喚《あびきょうかん》

列車事故の現場など惨憺《さんたん》たる状況を形容するときなどによく使われる

「阿鼻」とはサンスクリット語で「ひっきりなし」を意味する「ａｖｉｃｉ」が語源。「叫喚」は叫び声やうめき声。苦悶《くもん》の声がひっきりなしに聞こえるところ、つまり、むごたらしい責め苦にあって泣き騒いでいる地獄を表している。そこから地獄図のような状況を指す言葉として使われている。

「**爆発現場は多数のけが人が出、阿鼻叫喚の地獄絵そのものだった**」などと使う。

○唯々諾々《いいだくだく》

よく考えたり、自分の意見を持つことなく、ただ、人の言うことを受け入れ、従う様子を言う

「**いつも偉そうにしているが、目上の人には唯々諾々と従うだけ。実際は自分の考**

え は持っていないようだね」などと使う。

語源は中国古典の『韓非子』の「此人主未命而唯々、未使而諾々」（付き人は主人が何も命令していないのに「はい」と従う）。こういう態度を続けていると、最終的には主人からだけでなく、誰からも信頼されなくなってしまう。

○以心伝心《いしんでんしん》

何も話さなくてもお互いの心は相手に伝わり、通じ合っているという状態を表す言葉

もとは禅宗の言葉。唐の時代の高僧・慧能《えのう》が師の弘忍《ぐにん》から教えを受け継いだとき、真の奥義は書物や経で伝えるものではなく、師の心から弟子の心へと伝えるもの、「以心伝心」すべきだと諭された。

そこから転じて、**感情や思いなどを互いに感じ合いながら理解していくこと**を言うようになった。

○ 一病息災《いちびょうそくさい》

どこか具合が悪いところがあるくらいのほうが体を気づかうので、かえって健康を保てると言われる

もとは「無病息災」。「息災」の「息」は止めるという意味で、仏の力で災いや病気などを止める、つまり、健康であることを言う。

しかし、実際は「無病」を保つのは難しいもの。そこで**なにか一つぐらい具合が悪いところがあるほうが体を気をつけるようになり、かえってよい健康状態を保てるものだ**と言い換えていったのだろう。

たしかに、日ごろ、風邪ひとつ引かない人は健康には無頓着なもので、少しぐらい具合が悪くても大して気にしない。ようやく病院に行ったときはかなり進んでしまっている、ということはよくあるもの。息災であっても、健康を過信しないことが大事だと言えよう。

○右顧左眄《うこさべん》

あれこれまわりの意見ばかり気にして迷うばかりで、自分自身の確たる考えを持っていないこと

「彼はいつも右顧左眄していて有利なほうにつこうとしている。あんな態度を続けているかぎり、誰も彼の意見には耳を傾けないだろう」などと使う。

中国で文人必読の書と言われる詩文集『文選《もんぜん》』にある言葉で、「顧」も「眄」もまわりを窺《うかが》うこと。キョロキョロ右左を窺い、迷っている様子を表している。

○海千山千《うみせんやません》

彼女って見かけによらず「海千山千だね」。これ、ほめているの？　けなしているの？

中国に「海に千年、山に千年住んだ蛇は竜になる」という言葉があった。そこから日本で生まれた言葉で、**「世の中の経験を積んでさまざまなことを知った結果、ず**

る賢くなった人」を言う。

けっしていい意味では使わず、もちろん、ほめ言葉ではない。たとえば、「彼女は一見しとやかそうに見えて、海千山千だ」と言えば、男を手玉に取るような女性だというような意味になる。

○傍目八目《おかめはちもく》

実際に取り組んでいる人よりも、傍で見ている人のほうが先のことがよく見えるという意味

「八目」とは囲碁の8目先のこと。「傍目」はそばで見ている人、見物人を指す。対戦している者より、観戦者のほうが8目先ぐらいまで読めるものだということから、世の中のことも、当事者でない者のほうがかえってよく事の進展、利害得失などを判断できるという意味に使われる。

「傍目八目っていうけれど、たしかに部外者の○○さんの指摘は的を射ていたね」などと使うと教養豊かな印象になる。

○偕老同穴《かいろうどうけつ》

死後も同じ墓に葬られるほど夫婦の契りが堅いこと。
3組に1組は離婚する時代だと言われるけれど……

「偕老」は共に老いていく。「同穴」は同じ穴の意。つまり、**夫婦が共に睦まじく年を重ねていき、死後も同じ墓に納まること。そのくらい仲のよい夫婦**のことを言う。「偕老」も「同穴」も中国の古典『詩経』に登場する。

神前結婚式で交わす「三三九度の盃」は一つの杯を交互に使い、大中小の杯は現在・過去・未来を表し、過去から現在、未来（死後）に至るまで睦まじく年月を重ねていこう、「偕老同穴」を目指そうという誓いだと言われている。

最近は神前結婚は激減。三三九度の儀式もあまり見かけなくなった。離婚率の高まりはそのためだろうか。

○我《が》田《でん》引《いん》水《すい》

自分に都合がいいように事を進める人を言う。どこにも、こういう人はいるものだ

昔から農業用水の確保は重要な問題だった。江戸時代には各所で「水争い」が絶えなかったほどだ。だが、その水を公平に分けようとせず、自分の田に早く、多く水が行くように調整する人が出たりした。

こういう行為を「我田引水」と言い、いまでは物事を自分の都合がいいように進めることや、そうした考え方を言うようになった。

「彼女は優秀だが、相当に我田引水なやり方を通すところがある」などと使う。

○巧《こう》言《げん》令《れい》色《しょく》

心にもないお世辞を言ったり、こびるような表情を浮かべる人は信頼できないという意味の言葉

孔子の『論語』にある「巧言令色鮮矣仁」からの言葉。「巧言」は口がうまいこと。「令色」はうわべだけをよく見せようとすること。こういう人は「鮮し仁」だというのだ。「仁」は人と人を結ぶ信頼。「鮮」は「すくなし」と読むが「少ない」という意味ではなく「まったく少ない」→「ほとんどない」という意味になる。

口先だったり、愛想笑いを浮かべて取り入ってくるような人は信頼してはならないということを教えている。

○三顧《さんこ》の礼《れい》

礼を尽くして人を迎え入れること。
ヘッドハンティングのときなどによく使われる

中国・三国時代、蜀の劉備《しょくりゅうび》が諸葛孔明《しょかつこうめい》を軍師として迎えるとき、無位無冠の孔明が住む庵を自ら三度も足を運び、礼を尽くして請い願ったという故事にちなむ言葉。目上の人が下の立場の人に対して礼を尽くす場合に使うこと。

「**彼は外資系IT企業から三顧の礼で迎えられた**」などと使われる。

○多士済々《たしせいせい》

優れた才能の持ち主が大勢集うこと。
そうした集まりに参加できる人になりたいもの

「先日のパーティは多士済々、素晴らしい顔ぶれが会場を埋め尽くし、大変な盛会だった」などと使う。

「多士」は多くの人材、優秀な人物が集まっていること。「済々」は多くて盛んな様子を表す。「さいさい」と読むこともある。出典は中国最古の詩集と言われる『詩経』から。

○朝三暮四《ちょうさんぼし》

表現が変わっただけで結果は同じことなのに、
コロリと騙《だま》されること。あるいは騙すことを言う中国の春秋時代、宋の国の狙公《そこう》が飼っていたサルにトチの実を「朝に三つ、夜に四つあげる」と言ったらサルはもっと欲しいと怒り出した。そこで「それなら朝四つ、夜三つならどうか」と言ったところ、大喜びしたという話から生まれた言葉。

多くは、**目先の得を強調して、水面下に潜むマイナス面などをごまかし、相手を納得させてしまうこと**、つまり、言葉たくみに人を騙すこと。

○夜郎自大《やろうじだい》

「お山の大将」「井の中の蛙大海を知らず」と同じ意味で、傍《はた》から見れば滑稽なだけだ

「夜郎」とは中国漢の時代、漢の西南の地にあった未開部族の名。その夜郎の長が漢の使者に「わが国と漢ではどちらが大きいか」と聞いたという。漢は当時、中国大陸の大部分を支配していた巨大国家。夜郎の長はそれを知らなかったのだ。

この故事から、**「自分の力量を過大評価していばること」「世間知らずで自分を過信していること」を言う**ようになった。

「太平洋戦争に突入したのは、まさに夜郎自大の行動そのものだった」などと使う。

○有名無実《ゆうめいむじつ》

「我が会の会則は実質、有名無実化しています」
はて、会則は活用されている？　それとも……

「有名無実」とは読んで字の如し。名前は立派、あるいはよく知られているが、実際は価値がない。ほとんど無視されていて活用されていないなど、実質がないことを言う。

「彼の役職は有名無実だよ」と言えば、単なるお飾り役員であるなど、バカにしているというニュアンスが隠れている。

○竜頭蛇尾《りゅうとうだび》

勢いよくスタートするのはいいが、最後までそのエネルギーを保持できるように気を配りたい

インドから瞑想《めいそう》による仏道修行を伝えた達磨《だるま》を開祖に11〜12世紀の中国で発達した禅宗は、師と弟子、あるいは弟子どうしが問題を出しあう問答を交わす修行を盛んに行った。あるとき、禅宗の尊者・陳が出会った僧に問答を仕掛けたところ、いきなり「喝」とやられた。そこで「やれやれ、一喝されてしまったわい」とつぶやくと、またもや「喝」と言うではないか。

見事な対応に、修行をまっとうした立派な僧だと思ったが、その後、何度問いかけても答えは「喝」だけ。結局、それ以外の答えを知らない未熟僧だと判明、陳は「なんだ、初めは竜のように見えたが、ただの蛇か！」と言い放った……。

この故事から生まれた「竜頭蛇尾」は**最初は勢いがいいが、終わりは勢いが衰え、大した結果は残さない、ことを言う。**

類語に「頭でっかち、尻すぼみ」がある。

第6章

定年後に必要な配慮から、
言葉の選び方まで――

絶対に言ってはいけないNGワード

どちらへお勤めです（した）か

つい、こう尋ねがちだが、個人情報に関することを平気で聞くのは無神経でマナー違反

終身雇用制が当たり前だった50代世代には会社がすべてという会社人間が少なくない。そんなことから、現役中は、初対面ではまず勤務先を尋ね、そこから会話を始めることが多かったはずだ。

だが、定年後はもう会社と縁が切れるのだ。そこを突っ込まれるこの質問は、相手にしてみれば、触れてほしくない場合が少なくないことを肝に銘じておこう。

相手の仕事について聞きたいのならば、「**これまで、どういうお仕事をしていたのですか？**」と仕事の領域を尋ねるようにすればいい。答えるほうも「運輸業界です」などと答えれば十分だ。

初対面で「年齢・職業・地位」を尋ねない。これを「三脱の教え」と言い、江戸では大切なマナーとされた。先入観なく、相手の人柄を見て付き合うべきという教えだ。

「○○部長」だったので――

どんなに高いポストにあったとしても、定年後は前職については口にしないことが原則だ

××会社勤務、○○部長といった肩書がなくなると急に自分のアイデンティティーの示し方がわからなくなる。その気持ちはよくわかるが、**いつまでも「営業部長をしていましてね」などと口にしていると嫌われるだけだ。**

また、話の間に「若い社員から（営業）部長、いまはそんな時代じゃありませんよと言われてしまいましてね」などと言えば「かつては部長だった」と言っているのと同じだ。本人は思わず言っただけなのだろうが、まわりの人には以前は部長をしていたことを知ってほしいのだなという本心が見え見え。いっそうみっともないことを自覚したい。

定年前の仕事を尋ねられた場合は「繊維関係の仕事をしていました」などと答え、それ以上突っ込まれたら、「そちらは？」と切り返すか話題を変える。

××大出身で

正月の駅伝の話題で盛り上がったときなど、つい、出身大学名を口にしがち。これも要注意だ

それとなく出身校がどこなのか、わかるような会話をする人はあんがい多い。母校愛というより、スペックの高い人間であると伝えたいのだろう。

「本郷のあたりはよく知っていますよ。大学時代、下宿していましたから」とか「グリーンが大好きなんです。箱根の強豪校の色ですから」など話の行間から出身校がどこであるかが推測できる話し方はもっといやらしく、みっともない。ここまで話すなら、「私、××大の出身なんです」などとはっきり言うほうが気持ちがいい。

定年後は学歴、職歴など、それまでの価値観を捨て去り、そうしたことには触れないで話を進めるようにしよう。

「学生時代は」と言わずに「若いころは」と話を切り出すと、「ラグビーに夢中でしてね」「よく貧乏旅行をしていました」などと校名を避けて話を展開できるはずだ。

お子さんは？　お孫さんは？

これも個人情報。出会ってすぐにこうした質問をすると詮索好きだと敬遠されてしまう

子ども自慢や孫自慢はシニアがよく口にする話題。注意しなければいけないのは、それがつい自慢話になることだ。**大人の会話でいちばんのタブーは自慢話と愚痴。**どちらも聞いていて耳に障り、けっして楽しい会話にはならないと思っているくらいでちょうどいい。

スマホ時代になり、いつも家族や孫の写真を持ち歩く時代だが、誰彼かまわず写真を見せることも気をつけよう。孫がかわいいのは実の祖父母だけなのだ。

また、最近は結婚しない子ども、子どもがいない家庭も増えている。**プライバシーに関することは、相手が口にするまで話題にしないほうが賢明だ。**

お孫さんの写真を見せられたら、「目元がお祖父ちゃんに似ていますね」などと応じるといい。「かわいい盛り」「元気いっぱい」「お守りも大変でしょう」も相手が喜ぶ。

お元気そうですね――この年代になると、どこか不具合を抱えている人もあるので、いきなりこんな風に話しかけない

このところ体調がいま一つ。あるいは健康診断でちょっと引っかかったところがあり、気持ちが晴れない……。そんなとき、いきなり「お元気そうですね」と言われると返答に困るだけでなく、ムッと感じることさえある。

相手の健康状態を尋ねる場合は、**「お変わりありませんか」「いかがお過ごしですか」**など婉曲《えんきょく》的な表現を使うようにしよう。

尋ねられたほうはまず**「お陰様で」**と答え、不具合があるなら、「でも、ここのところ、ちょっと血圧が上がりぎみでしてね。まあ、年を意識せよという警鐘でしょうか」などと答えると深刻にならず、和やかに話が進む。

病院や薬局でばったり会っても「どこが悪いんですか？」「何の病気ですか」などと詮索しないように。むしろ病気の話を避け、軽い世間話をして過ごすようにする。

太ったんじゃない？

中高年になると誰でも最大の関心事は健康。体に関する直接的な話題は控えるのが気づかいというものだ

健康体重を維持することに一生懸命ならいいのだが、最近はいい年になっても、若いころと同じようにスリムでいたいと望む人が増え、必要以上にエクササイズや食事療法でがんばっている人は少なくない。

そんな人にとって「太ったんじゃない？」は絶対に言ってほしくない痛い言葉だ。「やせたでしょ」も同様。**相手のルックスを話題にするのは失礼の極み**なのだ。容姿に関する話題はタブーと考えているくらいのほうがよい。

筋トレに励んでいる人には「いい体していますね」と話題を振ると喜ばれる。毎日の鍛錬メニューを話し出したりしたら、聞き役に徹すること。

同級生に会った場合など、長い付き合いの気安さから、「お前、老けたなあ」「なんだ、ハゲちゃって」などと言いがち。「親しき仲にもタブーあり」と肝に銘じよう。

奢《おご》るよ

友だち付き合いの基本は互いに公平・平等であること。「奢るよ」は好意のようだが、実は失礼千万だ

人の懐具合はそれぞれだ。ひと口に年金暮らしと言っても企業によって企業年金の有無などの違いがあるし、自営業など国民年金受給者の場合は、年金だけでは暮らしは成り立たないほど低額だったりする。

明らかに経済力に差があったとしても「オレが奢るよ」「ここは私に任せて」と言うのは嫌われるもと。**相手の懐具合を見透かし、自分のほうがリッチだからと金持ち風を吹かしているようにもとられかねない。**

「昨日、競馬でちょっと儲《もう》かったんだ」となんらかの理由で懐が暖かい場合は別。相手は「それなら甘えてもいいかな」とすんなり思えるからだ。

特別な日などでご馳走《ちそう》したい場合は、「今日はあなたのお誕生日ですもの。私にいい顔をさせてね」などと言うとスマートに思いを伝えることができる。

だって……

「江戸しぐさ」に伝えられる言葉づかいの戒めはいまでもそのまま通じる。「戸締め言葉」はその一つ

200年前ごろの江戸は人口100万余を誇る世界一の大都市だった。その多くは江戸でひと旗揚げようと全国各地からやってきた人々。出身地も違えば生活習慣も異なる大勢の人々が商いで競いながらも摩擦や争うことなく、平穏に過ごすために生まれた暮らしのマナーや心づかい。それが「江戸しぐさ」と呼ばれるものだ。なかには言葉づかいに関するものも含まれている。

「だって」はその一つ。相手の言葉を否定、途中でさえぎったり無視する言葉を言い、ピシャッと戸を閉めて人を受け入れないことから「戸締め言葉」として禁句とされた。「戸締め言葉」はほかに「**そうは言っても**」「**べつに**」「**でも**」など。

「はいはいの修養」という言葉がある。相手の言葉を素直に聞き、「そうですね」と素直に受け入れるにはそれ相応の努力、修養が必要だということを示している。

だからなんなの？

相手の感情を逆なでするとげとげしい物言い、「胸刺し言葉」は相手を傷つけ、仲間から疎外される

「それがどうしたっていうの？」とか**「はーっ？」「へぇーッ！」**など相手の話をひっくり返す物言いや、皮肉、揶揄《やゆ》や嫌みを「胸刺し言葉」と言う。

たとえば、「先週、○○主演の映画を観に行ったら、すごくよかったんですよ」と楽しそうに語る相手に対して「だからなんなの？　私は○○なんて興味ないし。面白かったのはあなただけじゃないの？」などと返せば、相手はグサリと突き刺されたように感じて、不快感を通り過ぎ、しばらく心を閉ざしてしまいかねない。

「悪いのはあなたじゃないの」とか**「私たち、どうせ他人ですもの」**などの反論の余地もない言葉、「ご趣味のよろしいこと」といった皮肉も「胸刺し言葉」の一種。

「刺し言葉、ひと刺しごとに相手は離れる」。しばしばチクチク言っていると、これまで親しかった友人もしだいに遠ざかり、付き合ってくれなくなるという教訓だ。

こんちくしょう

言葉づかいは人柄を表すもの。粗野で乱暴な手斧言葉《ちょうな》を使っているとやがて誰からも相手にされなくなる

「手斧」とは大工道具の一つ。木材を粗削りするためのカンナを言う。そこから「**こんちくしょう**」「**馬鹿野郎**」「**ぶっ殺すぞ**」「**うるっせぇ！**」など、荒っぽく、乱暴な言葉を「手斧言葉」というようになった。手斧言葉は〝言葉の暴力〟〝言葉の凶器〟と言われるほど嫌われ、軽蔑された。

しかし、江戸の人は「手斧言葉を使われたときは、その原因は己にあると思え」と言い、乱暴な言葉を使われたのは自分にそれだけの落ち度があったのだと自らを戒めるべしと、さらに一段上をいく戒めも伝えている。「ああ言えばこう言う」とも言う。まず、自分から相手の心に穏やかに響く言葉を使うように努めよう。

言葉はよく木霊《こだま》に例えられる。こちらが丁寧に話しかければ丁寧な言葉が返ってき、乱暴な言葉には乱暴な言葉が返ってくる。相手の言葉から我が身を振り返ろう。

大したことないじゃないか

相手の感情を逆なでしたり、頭から水をかけるような心ない物言いは、自分が疎外される結果を招く

相手が気持ちよさそうに話しているのに、「**そんなこと、みんな知っているわよ**」とか、「**ちっとも大したことないじゃない。大げさに言うほどのことじゃないよ**」などと、相手のいい気分に水をかけるような言葉づかいを「水かけ言葉」と言う。

パリ旅行から帰った人が気持ちよさそうに、「パリでは行き交う人が皆、すごく素敵でね」と話しているのに、「そんなの錯覚だよ。オレ、パリは何回も行ったけどけっこうブスもいたよ」などと混ぜ返す人があるが、こういう物言いは傍で聞いていても見苦しい。常に自分が話題の中心でないと気がすまない自己チューであることを自ら白状しているようなものだと気づくべきだ。

言葉づかいは日ごろのクセが出やすいもの。普段から自分の口グセに気をつけ、相手への気配りを欠かさない言葉づかい、ものの言い方を身につけるようにしよう。

コラム 日常会話に深みが出る慣用句

◯魚心《うおごころ》あれば水心《みずごころ》

こちらが相手に関心を持てば、相手もこちらに関心を示すものですよ、という意味

元の言葉は「魚、心あれば、水、心あり」。こちらの出方しだいで相手の態度は変わるものだ、ということを伝える言葉だ。

「前回の話し合いはうまくまとまらなかったけれど、魚心あれば水心です。誠意を尽くせば、次はきっとうまくいきますよ」などと使う。

○烏合《うごう》の衆《しゅう》

ただ頭数を揃えるだけでは戦力にならない、ということを、ひと言でズバリ表現する言葉

中国の古典の一つ『後漢書』に「突騎を発して烏合の衆を躙《ふみにじ》るは、枯《かれたる》を摧《くだ》き腐《くされたる》を折《くじ》くが如《ごと》きのみ」とある。

烏合の衆とは「カラスの集まり」の意で、無秩序でばらばらと集まった人々はまったく力にならないという意味になる。

「相手のほうが人数が多いと言ってもしょせんは烏合の衆だ。こちらは長年、心を一つにしてやってきた仲間なのだ。恐れる必要なんかない」などと使う。

○閑古鳥《かんこどり》が鳴《な》く

郊外にできたショッピングモールのお陰で、こんな鳥が鳴く駅前商店街も少なくない

「憂きわれをさびしがらせよ閑古鳥」

芭蕉の句にこう詠まれているように、閑古鳥・郭公《かっこう》はさびしいところで鳴く。

そこから、人が集まらないで閑散としているさびしい状態、特に商店にお客がこないでさびれている様子などを言う。

「一時は行列ができる店ともてはやされたものだったが、最近は閑古鳥が鳴いている。最近のお客は次々新しいものを求めていくから、商売も厳しいよね」など使う。

◯腐《くさ》っても鯛《たい》

ほめられているのか、けなされているのか、はっきりしない言葉だが、結論はほめ言葉

もともと価値があるものは、少々落ちぶれたり時流からはずれても、やはり優れているものだ、という意味。

「腐った鯛」に例えられてもうれしくないような気がするが、鯛は魚のなかでも最高だとされている。その鯛に例えられたのだと思えば大いに喜んでいい。

「市民会館で○○のコンサートを聴いてきました。やはり、往年の大スターですね。腐っても鯛と言いますけど、さすがに迫力のある歌いっぷりでした」などと使う。

○青天《せいてん》の霹靂《へきれき》

予想もしていなかった、びっくり驚くようなことが起こること

よく「晴天の霹靂」と書く人があるが「青天の霹靂」が正しい。「晴天」は晴れた空を意味するが、「青天」は「澄み切った空」を指す。「霹靂」は訓では「かみとき」と読み、突然の落雷を意味する。

語源は中国・南宋を代表する詩人・陸游の詩にある「九月四日鶏未鳴起作・青天、霹靂を飛ばす」から。実際は雷鳴を聞いたわけではなく、病床に臥《ふ》していた陸游が突然起き上がり、激しい勢いで筆を走らせたことを、このように表現したものと言われる。

いずれにしても「突然、予想もしていなかった変化が起こること」という意味で、

「今回の合併のニュースはまったくの青天の霹靂であり……」とか「今回の受賞の知らせは私にとってまさに青天の霹靂と言うべきもので……」「社長が引退するなど青天の霹靂で、誰も予想していなかった。会社中、上を下への大騒ぎだよ」など、幅広い出来事に対して使われる。

○他山《たざん》の石《いし》

「人のふり見て我がふり直せ」。他人の言動、特に誤った言動は自分を見直すよい材料になる

他人の過ちや失敗を参考にして、自分をさらに磨こう、という意味。中国最古の詩集『詩経』にある「他山の石以て玉を攻《おさ》むべし」に由来する。

よその山から出た石で質が悪く役に立ちそうもないと思っても、自分の宝の石を磨くのに使える、ということから、他人の失敗などを自分自身の修養の糧《かて》にするという意味に使われる。

「〇〇さんの今回の失敗を他山の石にして、今後はさらに身を引き締めて取り組ん

でいこう」などと使われる。

◯捕《と》らぬ狸《たぬき》の皮算用《かわざんよう》

まだ手にしていないお金などをアテにして、豪遊計画を立てたりして……

昔は狸の毛皮は高く売れた。それにしてもまだ捕まえてもいない狸の毛皮が売れた場合を想定して、**早々と先々の予定を立てること、**それをこう言う。

「宝くじが当たったら豪華客船で世界一周する予定なんだ」などと満面の笑みを浮かべている人によくよく聞くと、まだ、宝くじを買っていないと言うなど、笑える話は少なくない。

ビジネスの場でも「この企画が大ヒットしたら、今期のボーナスははずむからな」などと社長が言う。でも、実はこの社長の発言はいつも〝捕らぬ狸の皮算用〟。社員はひそかに「あまり期待しないほうがいいよね」などと話し合っている。そんな場合にも使える言葉だ。

◯二階《にかい》から目薬《めぐすり》

もどかしい。いや、それ以上に、ほとんど効果は期待できないというときに使う言葉

元禄13（1700）年の書物『風流御前義経記』に「二階から目薬さす仕掛け、さりとは急な恋ぞかし」という句が由来と伝えられる。

当時の目薬は液体ではなく軟膏《なんこう》だったという。どうやって二階から下にいる人の目に軟膏を塗ったのかは謎だが、とにかく、「二階から目薬」ではまだるっこく、うまくいきっこない、という意味で使われる。

「売り上げが急降下してから広告をしても、二階から目薬さ。たいした効果はないと思うね」などのように使う。

○能《のう》ある鷹《たか》は爪《つめ》を隠《かく》す

実は優れた特技の持ち主だが、いざというとき以外はそれを隠していること

「ある日、ロシア人の来客があったとき、○○さんがさっと立っていき、ペラペラのロシア語で対応。皆を驚かせた。○○さんは普段は淡々と、比較的単純な仕事をこなしている人なのだ。〝能ある鷹は爪を隠す〟ってまさにこのことだね」などと使う。

優れた能力を持っている人は、みだりにそれをひけらかすようなことはしないという意味。謙虚に振る舞うように、という意味と、本当の力を相手に軽々に見せないほうが相手が油断して勝負しやすいという意味の二つがある。

よく「能ある」を「脳ある」と間違える人があるので注意すること。

○覆水盆《ふくすいぼん》に返《かえ》らず

一度してしまったことは、いくら後悔しても元には戻らないということを言う

古代中国・周の国の太公望が昔の妻から復縁を迫られた。すると太公望は盆に水を満たし、それをひっくり返して水を地に撒《ま》き、元妻に言った。「この水を元の盆に戻せるか？　できないだろう？　このように一度しでかしたことは元に戻すことはできないのだぞ」と元妻を諭して帰した。

この逸話が物語るように、一度、言ってしまったこと、やってしまったことを、しなかったことにすることはできないという教えを言う。

「つい、カーッとなって辞表を叩きつけてしまったが、すぐに後悔した。だが覆水盆に返らず。いまは就活をしているんだが、なかなか厳しくてね」などと使う。「覆水、盆に帰らず」と書く人がけっこう多いので、注意すること。

○眉《まゆ》に唾《つば》をつける

うまい話には気をつけろ、というときに「まゆつば」と言うのはなぜ？

狐や狸は人をばかすときには眉毛を数えてばかしやすい人かどうかを見分けたという。騙されないためには眉に唾をつけて毛の数を数えられないようにするとよい、という言い伝えがある。そこから生まれた言葉。「騙されないように、十分注意する」という意味になる。

「ヤツはちょっと信用ならないところがあるから、彼の話は眉に唾をつけて聞いたほうがいいよ」などと使う。

第7章

知性と教養を印象づける日本語

——雑談で使える品のいい表現から、言いにくいことの伝え方まで——

琴線に触れる

人の言葉、映画、音楽、本……。なんであれ、心が響き合う素晴らしい感動を覚えることを言う

「琴線」とは文字通り琴の糸。「琴線に触れる」は琴の糸をかき鳴らす妙《たえ》なる調べを聞き、感動する様子に例えて、**なにかに激しく心を動かされることを表現する言葉**だ。

心のなかにひっそり置かれている琴がある。普段はその琴が音を発することはないが、素晴らしい出来事や芸術作品、あるいは感動的な体験があると、あたかもその琴が目に見えない弾き手によって演奏されているかのように、胸が轟《とどろ》き出す。そんなイメージを美しく伝えるのにぴったりだ。

素晴らしいものに出会って深く感銘したときにはぜひ使ってみたい。

「心を打たれる」「胸が震える」「感動のあまり胸のときめきが止まらない」……。感動したときの表現をいくつかマスターしておくと、感性豊かな表現力を培える。

逆《げき》鱗《りん》に触れる

相手を激怒させてしまうこと。ここを衝けば相手が激怒する。そんなポイントが「逆鱗」だ

「琴線」とは対極的で、こちらのほうは「触れる」と大変なことになる。

「逆鱗」の語源は中国戦国時代の『韓非子』のなかにある記述から。龍は普段は穏やかな生き物で人が背中に乗っても怒ることはない。だが龍のあごの下に1枚、逆さになった鱗《うろこ》があり、うっかりそれに触ると龍は狂ったように怒り、暴れまくるという。この鱗こそが「逆鱗」だ。言うまでもなく、龍とは皇帝のこと。皇帝が激怒するポイントがあるというわけだ。

この語源からもわかるように「逆鱗に触れる」は**上司、年長者など目上の人に対してのみ使う言葉**だと心得ておくこと。

最近よく耳にする「地雷を踏む」も同じ意味で使われる。ただし、この表現は年長者には通じにくいかもしれず、公的な場でも慎んだほうがよい。

冥利に尽きる

極上の幸せ、無上の喜びなどをひと言で表現する言葉。普段の会話でもよく使われる

アマチュアサッカーチームだが、地域のシニアリーグで優勝した。こんなとき、監督を務めていた人が、「監督冥利に尽きます」などと挨拶することがある。

「冥利」は、仏・菩薩《ぼさつ》が与える恩恵や加護を意味する言葉だ。そこから転じて、社会や人から受ける恵みも「冥利」と言うようになり、いまでは幅広く、**「これ以上ない幸せ」「最高の満足」「至上の幸福」などの意味で使われている。**

男冥利、女冥利、作家冥利、俳優冥利などさまざまな立場や職業に「冥利」をつけ、「○○として最高の喜びを感じている」と表現する場合にもよく使われる。

「冥加」も本来は「冥利」と同じ意味。「冥加金」と言うと江戸時代、寺社への奉納金や両替商が与えられた特権に対してお上に献上する金を指す。

渡りに船

グッドタイミング、と言いたいときにかっこよい言葉。江戸文学に精通している響きがある

昔の旅では大きな川を越すときには「渡し舟」を使わなければならなかった。だが、その船はちょっと増水があると止まってしまうなど、いつでもすぐに乗れるわけではなかった。ちょうど渡りたいと思っていたときにすぐに出る船があるという。こんなグッドタイミングなことはめったにない。

この言葉はそうした光景を連想させる言葉で、**困ったときにタイミングよく、救いの手、助け人が現れたときなどに使われる。**

「親の介護のために帰郷すべきかと悩んでいた矢先に、地元に介護施設ができて親はそこに入所が決まった。渡りに船とはこのことかと安堵《あんど》した」などと使う。

同義語に「地獄で仏」がある。これも困り果てていたところに願ってもないいい話が飛び込んできたという場合に使われる。

腹にすえかねる

普段耳にする機会はあるのだが、正しい意味を知って使っている人はあんがい少ない。言葉の正しい理解を

「いくら地域活動の功労者だとしても、まるで自分一人でなんでもやってきたと言わんばかりの態度は腹にすえかねる」などと使うように、「腹にすえかねる」とは、**我慢の限界を超えてしまい、怒りを抑えられない状態を言う。**

同じように不快な感じを表す言葉「**ぞっとしない**」は寒さとは関係なく、「あまり感心しない」「とくに面白いわけではない」という意味になる。

ほかに、「日本の将来は寒心に堪えない」などと使われる「**寒心に堪えない**」は「心配でならない」「憂慮すべき」という意味。「**良心に悖《もと》る**」の「悖る」は背く、反するという意味。「良心がとがめる」と同義だが「もとる」のほうが大人っぽく、知的な表現になる。

恨みつらみが解消することを「溜飲《りゅういん》が下がる」と言う。「溜飲」は胃液のこと。上がってくるとムカムカするが、下がればすっきりする。「溜飲が晴れる」は間違い。

二の句が継げない

あまりに呆れたり驚いたりして、次の言葉が出てこない。あっけにとられる様を表現する言葉

歌会始の様子をテレビニュースなどで見ると、和歌は朗々と歌うように詠み上げられる。このとき、初めの区切り「一の句」と次の区切り「二の句」の間はひと呼吸おいた後に、いっそう声を張り上げて続けていく。

ところが思いが途切れるとうまく二の句を続けられないことがある。それが「二の句が継げない」だ。

一般的には「彼の答えが珍答すぎて二の句が継げなかった」とか「反省の色のかけらもなく、二の句が継げなかった」のように、**あまりにひどい言葉や態度に呆れ果てて言葉を失ってしまったときなどに使われる。**

「呆れてものも言えない」「驚いてしまい絶句した」なども同じ意味だが「二の句が継げない」のほうが豊かな語彙力を感じさせ、教養の深さを印象づけられる。

言い得て妙《みょう》

素晴らしい！　とほめる語彙のバリエーションにもいろいろある。ほめる対象や状況によって使い分けを

「さすがにあだ名名人！　『言い得て妙』なあだ名を次々思いつくんだから感心するよ」などと使われる「言い得て妙」は「言われてみれば本当にその通り！」というようなうまい表現を言う。

「**造詣《ぞうけい》が深い**」とは芸術、文化、歴史など特定の分野の知識が深いという意味。

「**八面六臂《はちめんろっぴ》の活躍ぶり**」の「面」は顔、「臂」はひじ・腕のこと。8つの顔と6本の腕を持っているかのように、一人で何人分もの活躍をすること。

「**水際《みずぎわ》立った**」と言えば波うち際のようにくっきり目立つ、ひときわ目立ち美しい印象のこと。演技や演奏などをほめるときによく使われる。

優れた演技のほめ言葉「大向こうをうならせる」は芝居通が多い大向こうの席の客もうなるほどの名演技を意味する。卓越した技巧・技術をほめる場合にも使われる。

釈然としません

どこか納得できないことがある。説明を聞いてもよくわからないときなどに使う表現

話を聞いたものの、なんとなく理解できない、納得できないところがある。そんなときには**「いまのお話、どうも釈然としないのですが、もう少し詳しくご説明いただけますでしょうか」**などと使う。

「釈」は「謎を解き明かす」という意味。疑いやわかりにくいところがある。クリアになっていないところがある。そんな状態を指す言葉だ。

「これだなとはじめて釈然とした途端……」と織田作之助の文中にあるように、少し前までは「釈然とする」と肯定形でも使われたようだが、最近ではほとんどの場合、「釈然としない」と否定形で使われる。

類語に「すっきりしない」「違和感がある」「ちょっと引っかかる」「わだかまりがある」「納得がいかない」などがあるが、公的な場では「釈然としない」が最も適切だ。

折り合いをつける

どちらも意地を張っていないで、互いに少しずつ譲り合い、ついに話し合いがついたというときに使う

たとえば忘年会の予算を決めるとき、Aは7000円と言い、Bは3000円と言う。するといちばんの年長者が「では、間をとって5000円とし、5000円で楽しめる計画を立てましょう」という案を出して一件落着。こうした解決の仕方が「折り合いをつける」だ。

ポイントは双方少しずつ譲り合って、互いに納得のゆく妥協点を見いだすこと。どちらか一方が自分の考えを強硬に通した場合は「折り合い」は使わない。

会の運営では、何につけても、歩み寄りの精神と言おうか、「うまく折り合いをつけられるかどうか」が最大の鍵になる。

「折り合い」には人間関係を意味する使い方もある。「うちは姑《しゅうとめ》と嫁の折り合いが悪くて……」「コーチと選手の折り合いがうまくいかず……」などと使う。

下駄《げた》を預ける

身の振り方などを相手に一任すること。信頼してというより、立場上、相手に一任する場合に使う

話が堂々巡りするばかりで一向に結論が出る気配がない。だが、時間はどんどん経っていき、そろそろお開きにしないといけない。こんなとき、話の決着を、リーダーに一任することがある。こうした場合に、**「すべてをリーダーに下駄を預けて会を終えた」**などと使う。

江戸の昔は商談をする場合など、「奥へどうぞ」と言われたら、脱いだ履物は使用人に預けることになる。すると、商談がまとまるまで帰ることはできない。そうしたところから、相手にすべてを一任することを「下駄を預ける」というようになったもの。

こちらから「帰るから下駄を出してくれ」とは言いにくい。つまり、「下駄を預ける」は相手のほうが強い立場のときに使う言葉とされている。

お眼鏡にかなう

目上の人に気に入られたり、人間性や技量を認められた場合にこんな風に言うと教養の深さが漂う

リーダー推薦の地域活動の新役員の○○さんが次々と面白いイベントを企画して、地域の人々をこれまでになく盛り上げている。こんなとき、「○○さんは、さすがにリーダーのお眼鏡にかなっただけのことはありますね」のように使う。

眼鏡は目が悪い人が視力を矯正するためにかけるものを言うが、ほかに「**目利き、ものを見極める力**」といった意味もある。「眼鏡にかなう」はそこから出た言葉で、人間性やその人の技量などを見極める力という意味で使われる。

最近は、本来は誤用である「お目にかなう」も同じ意味で使われており、文化庁の調査（平成20年度）では、若い世代の約40%が「お目にかなう」もよしと答えている。

同じような意味の言葉には「お墨付」とか「太鼓判を押した」「折り紙つき」「覚えめでたい」「白羽の矢をたてられる」「ご贔屓《ひいき》の」などがある。

食指が動く

なにかが欲しいと強い関心を持つことをこう表現することがある。中国の故事に由来する言葉

現在、どの業界でも人材不足に悩んでいて、特に優秀なベテランなら引く手あまた。**「以前、○○銀行で仕事をしていた××さんには、いくつもの外資系金融機関が食指を動かしているらしいよ」**などと使う。

中国・春秋時代、鄭《てい》の国の公子・宋が主君の霊公に会いに行く途中で指がピクピク動いた。それを見て供の者が「なぜ、指が動くのですか」と尋ねると、宋は「これはご馳走にありつける前兆なんだ」と答えたという。果たして、主君の家に着くとスッポンの料理中だった。そこから、なにかが欲しい、手に入れたいと強い気持ちを持つことを「食指が動く」というようになった。

最近「食指がそそられる」と言う人が増え、「国語に関する世論調査」（平成23年度）では「そそられる」が31・4％、「動く」が38・1％とほぼ同じ程度になっている。

話の腰を折る

人が一生懸命話をしているときに横から口を出し、話を混乱させ、邪魔をすることを言う

なぜ、話の途中で口をはさみ、違う話題に引きずり込んで、相手の話を台無しにしてしまうことを「腰折れ」と言うのか。

和歌は「五七五七七」の五句から成る。なかの三句と四句は歌としてのつながりを感じさせる最も大事なところで、これがうまくつながっていない歌を「腰折れ歌」と言う。そこから、途中で人が話しかけ、話がうまくつながらなくなってしまうことを「腰折れ」と言うようになった。

「話の腰を折るようですみません」などと、**相手が話しているときに言葉をさしはさもうとする場合に使うと、行き届いた気づかいを感じさせる。**

「話に水を差す」は相手の話がうまくいっているのに邪魔をすること。「茶々を入れる」は話に異論をさしはさんだり、わざとふざけて話の流れを邪魔するときに使う。

半畳を入れる

人の言うことに半畳を入れてばかりいると、しまいには、誰からも相手にされなくなってしまう

「また、つまらないことで半畳を入れるんだから……」とは、人と話しているとき、**いちいち相手の言うことに〝突っ込み〟を入れること。**

江戸時代、芝居小屋では見物客に茣蓙《ござ》を貸し、客は板を張った客席にこの茣蓙を敷いて見物したものだった。茣蓙はちょうど畳半分ぐらいの大きさだったところから、「半畳」と呼ばれていた。

芝居がつまらないとか役者が下手だと客はこの「半畳」を舞台に投げ入れ、騒ぎ出したもの。そこから、人の話を混ぜ返したり、からかったりすることを「半畳を入れる」というようになった。

「半畳を入れる」と同義の「茶々を入れる」の「茶々」は秀吉の側室の名にちなむとか。茶々はわがままでよく勝手な言動で事の流れを乱した。それに由来すると伝えられる。

ごたくを並べる

大して意味のないことをくどくどと述べたり、いつまでもつべこべ言い訳をすることを言う

久しぶりのクラス会。ところが肝心の幹事が大遅刻。やっと姿を現した幹事は「忘れ物に気がついて家に戻り、その上、電車が車両故障で遅れ……」と遅刻の理由をごたごたと述べる。こういう人には「いつまでもごたくを並べていないで、さっさと今日の予定を始めようよ」などと声をかけるといい。

「ごたく」は**「御託」と書き、神仏からのお告げのこと。**しばしば訳のわからない言葉が長々続くことから、くどくど長い説明を「ごたく」というようになったもの。信仰心のない人にとっては、ありがたい神の言葉も退屈でつまらないものに思えてしまう。そこから意味のない長話を「御託」というようになっていった。

「御託をたれる」とも使われる。また、同様の意味の言葉には「能書きをたれる」「講釈をたれる」「お題目を唱える」「長広舌をふるう」などがある。

大風呂敷を広げる

昔はものを包む、運ぶときなどに風呂敷が大活躍していた。大風呂敷なら中身はさぞやと思うものだが

「○○は脱サラをして50代には上場社長になってみせるとよく大風呂敷を広げていたな。最近、あまり見かけないけどどうしているんだろう」。このように**実現しそうもない大きな話をすること**が「大風呂敷を広げる」だ。

風呂敷は文字通り、本来は風呂屋で脱いだ着物を包むためのものだった。風呂屋は庶民が世間話に花を咲かせるところ。バカでかい風呂敷を持っているのはいいが、包むものは着てきたものだけ。そんな様子から、大風呂敷を広げると言えば「中身のない大ぼら話」という意味になっていった。

大きな夢であっても、実際に実現できる確率が高い話のときには使わない。

「大口をたたく」「大層な口をきく」「大げさな話」も同様の意味の言葉。実現の目途が付かない話ばかりでは信用を失い、誰からも相手にされなくなってしまう。

衒《てら》いがない

人柄や印象をひと言で言い当てる端的な言葉をいくつか覚えておくと表現力の幅がぐんと広がる

「衒い」とは「自分を実際よりよく見せようとすること」。「衒いがない」はそういうところがない。つまり、**自分を飾ったり、実像以上によく見せようなどと考えない人。自然体であるがまま、素のままに振る舞う好感を持てる人**を言う。

「**物腰がやわらかい**」は態度や立ち居振る舞いが穏やかで、人に対してもやさしく温かに接する人のこと。荒々しい言葉を使うとか乱暴なところがないので一緒にいても心地よく、周囲の人を和ませる力がある。

「**押し出しがいい**」は見た目が立派で堂々としており、信頼でき、頼りになるという印象を与える人を言う。

美人で頭もよい女性を「才色兼備」、スポーツも学業も優れた人を「文武両道に秀でた」「目から鼻に抜ける」などほめ言葉の語彙を増やしておくと会話力が上がる。

炯《けい》眼《がん》の持ち主

本物かニセ物かとか、人の本質を見抜くなど、鋭い能力を持っている人をこう表現するとかっこいい

「ごく短い時間面接するだけで人の採否を決めなければならない。面接官はよほどの炯眼の持ち主でないと務まりませんね」などと使われる炯眼。

「炯眼」の「炯」は光り輝いていて、遠くからでもはっきりしている様という意味。「眼」の字がついて、**「物事の本当の価値を鋭く見抜くこと」「鋭い眼力、審美眼の持ち主」「正しい判断力がある人」**などという意味になる。

「慧《さと》い」という意味の字を使う「慧眼」はもとは仏教用語。「えげん」とも読む。悟りを開いた者の目という意味があるが、一般的には「炯眼」とほぼ同じような意味で使われる。

同義語に、「見る目がある」「違いがわかる」「鋭い眼力を持っている」「審美眼に優れている」「本物を見分ける目がある」などがある。

斜にかまえる

物事を素直に見ようとせず、皮肉、からかい半分で臨む態度やそうした傾向が強い人をこう言う

「斜にかまえる」とは物事を素直に見ようとせず、いつも人とは異なる態度をとろうとし、反発したり裏事情を探ろうとするような態度をとることを言う。

「東大卒、海外育ちのバイリンガルでとても優秀なんだが、いつも斜にかまえた態度では、まわりはついていかないよね」などと使う。

語源は剣道から。**剣道で剣先を相手にまっすぐ向けず、あえて斜めに向ける姿勢を「斜にかまえる」と表現する。**ここから、わざと正道をいかず、ものごとを裏側から見ようとしたり、多くの人とは異なる意見を述べるなど、反抗的な態度をとることを言うようになったものだ。

「ひねくれている」「素直でない」ことを表す言葉には「つむじ曲がり」「へそ曲がり」などもある。いずれも否定的な言葉なので、相手に向かって直接言ってはいけない。

お目が高い

ものの品質や価値などをすぐに見抜ける力がある人のこと。骨董市《こっとういち》などではよく耳にする言葉だ

「のみの市をのぞいていたとき、ふと目が留まったんだ。店の主《あるじ》にも、『いやあ、お目が高い。この価値をすぐに見抜くなんて、ダンナ、素人さんじゃないでしょう？』なんて言われちゃってね」などと悦に入っていたら、実は真っ赤なニセ物だった……などというように使われる。

「お目が高い」はものを見る目が優れていることを言う。骨董や絵画、彫刻といった美術品などは素人にはそのよさをなかなか見抜けないものだ。それを見分ける力を備えていることを、**平易な言葉の組み合わせでズバリと表現する心憎い言葉**だ。

「目が肥えている」はよく似た表現に見えるが、こちらはたくさんのものを見たり、知っていてもののよさがすぐわかるという場合に使う。

おくびにも出さない

ある事情などを口にも素振りにもまったく出さないことを言う。なかなかできないことだが……

「実は数日前に離婚していたなんておくびにも出さずに笑顔で会に出てきてくださったんですよ。強い精神力の持ち主ですね」などと使う。この例のように「おくびにも出さず」とは、**物事や事情などを深く隠して言葉にはもちろん、素振りにも出さないこと**を言う。

「おくび」とは胃のなかにたまったガス、げっぷのこと。むやみに腹にたまったものを人前で出さないように、公的な場などでは心にあるものを出さないようにする。つまり、私事でなにかがあろうと、公的な場では淡々と振る舞う。これが大人にふさわしい言動だと言えるだろう。

「おくびにも出さず」は「隠し通す」というような意味合いより、胆力や気力で守るべき秘密をしっかり守るという場合に多く使われる。

お先棒をかつぐ

人の手先になって、軽々しく行動する人を言う。リーダーの聡明さはなく、単なるお調子者を指す

駕籠《かご》をかつぐときは二人一組。このとき、前方を担当する人を「お先棒」と言った。そこから、人の先に立って物事を進めていく人を「お先棒」と言うようになったが、「お先棒をかつぐ」と言った場合はなぜか**いい意味では使わない**。多くの場合、よく考えれば正しい選択ではないとすぐにわかるのに、ろくに考えもせずに、人を煽動《せんどう》する運動や活動の手先になって軽々しく言動する。そんな人を指して使われる。

駕籠屋は自分の考えでは進んでいかない。乗り手の言うままに、どこにでもひょいひょいと進んでいく様子から、そういうようになったのだろうか。

よく似た言葉に「片棒をかつぐ」がある。こちらは人の言うままではなく、自分の考えで、意見が一致する人の手助けをしたり、共に行動する場合に使われる。

一頭地を抜く

お世辞でもほめられれば嬉しいもの。相手の特徴をよい印象の言葉に変えるだけで人間関係が好転する

「一頭地を抜く」とは他の者より際立って優れているという意味。記憶力抜群で、グループ一の博識で通っているという人に「なんでもよくご存じで、一頭地を抜く存在ですね」などと凝った表現でほめると大いに喜ぶはずだ。

ネガティブにとられやすい特徴も表現を変えるとポジティブな印象になり、歯が浮くようなお世辞ではなく、心がこもった表現だと受け取ってもらいやすい。

たとえば、内気で自分の意見を言えない人には「控えめで慎ましいお人柄」、誰彼なく話しかけ、ややうるさい人には「社交的でいらっしゃる」、話を次々変える人には「頭の回転が速くていらっしゃる」などと言ってみよう。

「常々、感心していたんですよ」とか「日頃から敬服しておりました」などという言葉を付け加えると、とってつけたようなお世辞にならない。

ろれつが回らない

酒を飲むのはいいが、ろれつが回らなくなるまで飲むと周囲は呆れ、しらけるばかりだ

「○○さんはすっかり出来上がってしまってろれつが回らない。なにを言っているのかわからないよ」。酒は飲んでも飲まれるな、と言う。ろれつが回るか回らないか、つまり、言葉をはっきり言えるかどうかは酔い加減を測る目安とされる。

「ろれつ」は漢字では「呂律」と書き、もとは雅楽の言葉。雅楽の調子には「呂」と「律」があり、「呂」と「律」の音程が合わないとまともな演奏にはならない。そこからまともに口がきけなくなる状態を「ろれつが回らない」と表現するようになった。脳の病気などで発語障害が起こったときも「ろれつが回らない」と使う。

「(言葉を)かむ」は芸人などが口ごもるなどのミスをしたときに使う。実際は言葉は不要で、「かむ」だけが正しい表現だ。目上の人や公式の場では避けたほうがいい。

人の不幸は蜜の味

誰かが離婚したとか、リストラに遭った。こんな話を耳にすると、なんだかいい気分になる……

週刊誌やテレビのワイドショーでは毎日のように「誰々と誰々が別れた」とか「有名タレントががんになった」というような不幸話で盛り上がっている。人には、自分より不幸な人を見ると「ざまあみろ」というような感情が湧き、気持ちが浮き立つというイヤな部分があるものだ。

「人の不幸は蜜の味と言うけれど、つい、そんな噂話に花を咲かせてしまうのよね」などと反省を込めて話したことはないだろうか。

脳学者の説によると、これは「**シャーデンフロイデ**」（**他人の不幸を快感と感じること**）と言い、どんな人にも潜んでいる心理だという。

最近はもっと簡単に「めしうま」と言う人が増えている。他人の不幸で、今日もメシがうまいという意味。時代が変わっても人の心理は変わらないものだ。

爪に火を灯す

年金暮らしになったら、生活を切り詰めなければ、というようなときに使われる言葉

家内の光源はろうそくが主だったころ、お金がないとそのろうそくを買うこともできず、タダで伸びてくる爪に火を灯して明かりがわりにした、ということから、**極端に貧しい暮らしのこと、あるいはそれほどケチに徹して暮らすこと**を言った。もちろん、爪に火を灯すことなどできず、あくまでも比喩表現だ。

貧しさのため切り詰めて生活していると言うと、貧乏のつらさがむき出しになるが、「爪に火を灯す」と言うとそのつらさが少し和らぐような気がする。

語源は明らかではないが、江戸時代、松江重頼《しげより》が著した俳諧論書『毛吹草』に採録されている。

「赤貧、洗うがごとし」も同様に極貧を表す言葉だ。「赤」は強調表現。あまりに貧しく、まるで洗い流したように家のなかに何もないということを伝えている。

お手洗いを拝借

訪問先でトイレを使いたくなった場合には、こう言うと品位を落とさずに用件を伝えられる

出先でトイレを使いたくなった。駅や商業施設などでは「お手洗い（トイレ）はどこでしょうか」と聞くのがいちばん。「化粧室はどちらですか」と聞いてもうまく伝わらない場合もある。英語では「ｂａｔｈｒｏｏｍ」が最も一般的な表現だ。

他家を訪問した場合には「お手洗いを拝借させていただきたいのですが」と切り出すといい。**「トイレ」に「お」をつけるのは誤った敬語使いでおかしい。**なお、「失礼ですが……」と切り出す人があるが、その必要は特にはない。

気の利いた人なら、リビングなどに案内するときに「トイレはこちらです」とトイレの場所をさりげなく示すはず。来客を迎える場合はそのように心がけよう。

できれば、訪問先でトイレを使わなくてすむように、最寄りの駅や会社のあるビルなどで用をすませてから行くようにしたい。

尾籠《びろう》な話ですが

健康上などで尿や便などについて話すときなどは、こう前置きしてから話すと失礼にならない

「尾籠」ははばかげている、愚かだという意味の「おこ」の漢字を訓読みした和製漢語。鎌倉時代あたりから「びろう」と音読みされることが増えていった。

当時は「無礼」とか「無作法だ」という意味で使われていた。その後、卑猥《ひわい》なことや汚いことの意味で使われることが増えていき、現在ではほとんどシモの話、特に排泄《はいせつ》関係の話の前置きに使われる。たとえば「尾籠な話ですが……、最近、頑固な便秘が続いていて、少々心配なんです」などと使われる。

こうした言葉が通じにくい相手には**「お聞き苦しいかもしれませんが」**とか**「シモの話で恐縮ですが」**などと言い換えるといい。

「尿」は「お小水」、便は「お通じ」と言うと耳ざわりではなく、感じがいい。「小さいほう」「大きいほう」という言い換えもスマートだ。

先立つものがなく――

「私、お金がありません」ではストレートすぎる。年齢を重ねてきた者らしい知恵のある表現を

「定年記念に海外旅行をしようよ」と誰かが言い出した。もちろん、行きたい気持ちはヤマヤマだ。でも、うちは子どもがまだ小さく、まだまだお金がかかるので、そんな贅沢《ぜいたく》はもう少し先まで我慢しなければ。

そんなとき「私はちょっと……。お金がないんです」ではリアルすぎてまわりの者も返す言葉に窮するだろう。

こうしたときには**「ちょっと先立つものの関係でね……。今回はパスさせてもらうよ」と言えば、相手は事情を察してくれる。**奥ゆかしさと知恵にあふれた表現に感心する者もあるはずだ。

お金がないことを「手元不如意」ということもある。如意＝思うままになること。それができない。つまり、お金がないので、という意味のしゃれた表現だ。

にっちもさっちもいかない

どうにもこうにもならないほど追い詰められた状態であると伝え、依頼を断るときなどに使う

借金を申し込まれたとしよう。こんなとき「君に貸す金なんかないよ」と言えば、長年の付き合いもそれまでになってしまう。

こんなとき「いやあ、うちもいろいろあって手詰まりでね、にっちもさっちもいかない状態なんだ」と言えば、相手は事情を察してすんなり引き下がるはずだ。

「にっちもさっちも」は**算盤《そろばん》から出た言葉**。算盤では「2割る2」を二進《にっち》、「3割る3」を三進《さっち》と言う。二でも三でも割れない。つまり、どうにもやりくりできないということを言い、しだいに、行き詰まって身動きがとれないことをこう言うようになったという。

お金に関することだけでなく、諸事情で仕事が遅れている場合の釈明にも使える。「もう打つ手がない」「八方ふさがり」「万策尽きた」なども同様の意味の言葉。

げんをかつぐ

願いが叶うまでヒゲをそらないなど、根拠はないが、縁起がいいとされることにこだわることを言う

野球、サッカーなどのチームの試合前の定番メニューは「豚カツとステーキ」。言うまでもなく、「テキにカツ」の語呂からきた〝げんかつぎ〟だ。ほかにも「拾ったお金を財布に入れておくとお金がたまる」など「げん」にはいろいろあるが、いずれも客観的な根拠はなく、他愛ないが、実行している人は意外に多いようだ。

「げん」は漢字では「験」と書く。**「験」は仏道修行を積んだものが体得する効果、利得などの意味**だ。一方、「げん」は「縁起」をさかさまにした倒語「義演」を語源とする説もあり、こちらは1708年、近松門左衛門の作「淀鯉出世滝徳《よどこいしゅっせのたきのぼり》」にある「ぎえん直しに酒にせう」からとされる。

同義語は「ジンクス」や「まじない」など。「縁起がいい」という言い方もある。「タブー」は反対に「縁起が悪いこと」や禁止事項を言う。

鬼《き》籍《せき》に入《い》る

「死んだ」と言うとリアルすぎてはばかるが、こう言うと知性を感じさせ、好印象になる

「父が鬼籍に入りまして」と聞いたら、なんと言葉を返せばいいだろうか。「そうでしたか。心からお悔やみを申し上げます」がいちばん礼にかなった返事だろう。

「鬼籍」とは閻魔《えんま》大王が持っている死者の戸籍台帳のこと。そこに「入る」わけだから、つまりは「亡くなる」「死んだ」という意味になる。

「死」などマイナスイメージのある言葉はできるだけダイレクトな表現を避け、婉曲的に表現するほうが上品に聞こえるものだ。いくつかの表現を覚えておきたい。特に目上の人、年長者など、尊敬すべき立場にいる人が亡くなった場合は「死」という言葉を避けて「死」を伝える知性が求められる。

「死」を伝える言葉にはほかに、「ご逝去」「みまかる」「この世を去る」「他界する」「お隠れになる」……など。天皇、皇帝、国王、その后には「崩御」を使う。

サバを読む

年齢を聞くのは失礼だ。だが、「サバを読んでいるから平っちゃらよ」と澄ましてかわす人も多いようだ

「子どもが幼いころ、『ママ、いくつ?』と聞くので『30歳よ』と6、7歳サバを読んでいたの。でも、だんだんごまかしが利かなくなっちゃってね」なんて笑い話をよく耳にする。この例のように、「サバを読む」とは数をごまかすこと。

サバは生き腐れと言われるくらい傷みやすい。冷凍技術がないころ、**魚屋はさばを急いで数えて売りさばこうとするあまり、数を飛ばして数えることもしばしば。**そこから、数をごまかすことを「サバを読む」と言うようになった。

ネット調査によると、実に70%以上が年齢・体重・身長などをサバを読んで伝えた経験を持っていると答えている。

普通は数を大きく言うことを「サバ読み」と言い、小さく言うことを「逆さば」と言うが、年齢など小さく言うほうがいいと考えるときは、これが反対になる。

勉強しとくよ

異常気象の影響なのか、物価は徐々に上がっていく。そんなとき、「勉強しとくよ」は実にありがたい言葉

値引きすることを「勉強する」というのはなぜだろう。不思議な気がするが、実はこの表現は中国語をルーツとする言葉だ。中国語で「勉強」は「ミィンチアン」と言い、「無理矢理に」という意味。そこから**古代中国では「無理をして努力する」ことを「勉強する」と言うようになっていった。**

それが日本に伝わり、「勉強する」はがんばって学問をするという意味になった。なお、「勉強」が学問するという意味で使われるようになったのは明治以降だそうだ。

商人が値引きするのは、つらいががんばって努力しますよ、という意味になる。初めは大阪など関西で使われていたが、現在では全国区の言葉になっている。

もう一つ、値引きするときに「おまけしておきますよ」という表現もある。こちらはお客に対して商人が「負けた」という意味から生まれた言葉だと言われている。

コラム よく目にする・耳にする「？」な日常語

アイデンティティー（identity）

自己を確立すること。つまり、本人自身だと証明できること。「ＩＤカード」などの「ＩＤ」はこの言葉からできた「アイデンティフィケーション」の略。

アラ〇〇（around〇〇）

２００６年ごろ、女性誌『ＧＩＳＥＬｅ』が「アラサー」という言葉を使い始めた。

「around thirty」からの和製英語で25〜34歳ぐらいの人を指す。具体的な年齢を言わずに年代を伝える便利な言葉で、しだいに「アラフォー（around forty）」「アラ・フィフ（around fifty）」「アラシク（around sixty）」「アラセブ（around seventy）」と幅広く使われるようになった。

最近では「アラカン」（還暦前後の年代）とか、「アラヒャク」（百寿者前後の人）などという言葉も生まれている。

アンソロジー（anthology）

複数の作家の作品を選び、まとめた本のこと。日本語では「選集」。

安定の

「安定のおいしさ」「安定のコーディネート」などと、最近、よく耳にする「安定の」は「間違いない」「定番の」というような意味。

「連休はどこに行くの？」「安定のディズニーランド」などと使う。

イクメン

「積極的に子育てに参加する男性、夫」のこと。実はこれ、政府主導の言葉。

２０１０年、厚生労働大臣が少子化打開策の一環として「イクメンプロジェクト」を始動させたのがきっかけ。実際、それ以降、育児休暇を取ったり、保育園の送迎を引き受けるなど「イクメン」は急増している。

インフォームド・コンセント（informed consent）

治療の前に、患者に、治療効果はもちろん、副作用などネガティブなことも含めて治療方法をきちんと説明し、患者にしっかり理解してもらい、納得し、確認をとることを言う。

エンディングノート（ending note）

自分が死亡したときや認知症などになり、判断力がなくなったときに備えて、そうなったときの自身の希望を書き記しておくノート。

内容は主に、延命措置を希望するかどうか、財産などに関すること、葬儀の希望、相続に関する希望などだが、特に決まりはない。

ただし、法的な効力はないので、遺言書は別に作成しておく。

オンデマンド（on demand）

利用者の求めに応じてサービスを提供すること。「オンデマンド放送」とか「オンデマンドでご覧になれます」など、テレビ放送などでよく耳にする。一般のテレビ放送は個々の視聴者の求めとは関係なく放送されているが、現在ではインターネットにより、一部番組を視聴者の好きな時間に見られる配信サービスを提供している。これがオンデマンド放送だ。

ほかに、「オンデマンドで人を派遣します」「オンデマンド出版を行っています」などとも使われる。

ガラパゴス化（galapagosization）

大陸から遠く離れたガラパゴス島では外敵の侵入がなく、生物は独自の進化を遂げてきた。この現象になぞらえて、国内市場に焦点を当ててきた製品やサービスが国際標準からかけ離れ、国際競争力を失ってしまっていることを言う。

「ガラケー」の「ガラ」はガラパゴスのガラ。この言葉に象徴されるように、日本のスマホは機種としては優れているが、世界市場では競争力はきわめて低い。

キュレーター（curator）

博物館、美術館などで専門的な知識を持ち、資料の収集、管理、研究などに当たる職業を指す。以前は日本語で学芸員と言ったが、最近では、キュレーターと呼ぶほうが一般的になっている。

ググる

インターネット検索エンジンのＧｏｏｇｌｅで検索すること。つまり、インターネットで調べることを言う。「いまはたいていのことはググれば調べられるから、便利だよね」などと使う。

もっとも最近はＧｏｏｇｌｅよりもＴｗｉｔｔｅｒで情報収集する人が増えているという。30代では「ググる」派と「Ｔｗｉｔｔｅｒ」派がそれぞれ33・3%ずつで五分五分。だが10代では「ググる」が26・5%、「Twitter」が47・1%となっている。

グループホーム（group home）

シニアの共同生活の場というイメージを持ちがちだが、実際は認知症の人のための小型介護施設。地域密着型なので、住み慣れた地域で暮らし続けられる。通常6人程度の認知症の人が暮らし、認知症介護の知識と技術を持った専門スタッフが世話をする。

サブカルチャー（sub culture）

主流とされている文化に対して、社会の一部の人に支持されている独特な文化のことを言う。たとえば、日本のアニメ、ゲームなどはサブカルチャーで、こうした文化の製作にかかわっている人、熱中している人をサブカル系などと言う。

スノッブ（snob）

俗物、俗人のこと。紳士気取りの俗っぽいヤツとか、知識・教養をひけらかす通俗的なヤツという意味で使われるが、最近では「大衆」「普通の面々」という意味で使われることも増えている。

スピンオフ（spin off）

派生する。副産物などを指す言葉。よく使われるのが「スピンオフドラマ」という言葉だ。主役以外の登場人物を主役にして、別に作られたドラマを言う。

スマートシニア（smart senior）

パソコン、タブレット、スマホなどのＩＴ機器を使いこなしてネットなどを駆使し、自ら積極的に情報を集めて消費行動をとる高齢者のこと。団塊世代が高齢化するにつれて、こうしたシニアが急増している。

セカンドライフ（second life）

定年後の人生を表す和製英語。第二の人生、シニアライフなどとも呼ばれる。

バリアフリー（barrier free）

バリアとは支障、障害という意味。バリアフリーはそれがないということで、一般的には高齢者、障害者などが社会生活を送るうえで妨げになるものを取り除くことを言う。たとえば段差のない住宅や施設などはその例の一つ。最近では高齢者や障害者なども精神的な障害を感ぜずに、社会活動に参加しやすくするバリアフリー活動も盛んになってきている。

フォトジェニック

英語の「photo（写真）」と「-genic（～に適する）」を組み合わせて作られた言葉。「写真写りがよい」「写真映えする」といった意味で使われる。

Ｉｎｓｔａｇｒａｍの流行とともにＳＮＳ全般で「いいね」を押しても

らえそうな写真を「フォトジェニック」「SNS映え」「インスタ映え」と呼ぶ。

ほぼほぼ

「大体の」「おおむね」という意味の「ほぼ」を重ねて強調した表現。2010年代ごろから盛んに使われ始め、2016年には「今年の新語」にも選ばれ、定着した。「あなたの主張は、ほぼほぼ私の考えと一致しています」などと使う。ただし、ビジネスや目上の人、年長者の前では使わないほうが無難だ。

○○ロス（○○ loss）

ロスは「失う。喪失する」などの意味。ペットが亡くなり、精神的に不安定になる「ペットロス」はよく知られているが、最近では人気歌手の安室奈美恵が引退してしまって心に空洞が生まれる「安室ロス」とか、人気番組が終了してさびしくなることを「○○（番組名）ロス」などのようにもよく使われる。

第8章

知らずに使うと危険な日本語

——間違いやすい使い方から、受け取り方が分かれるフレーズまで——

私には力不足です

間違いやすい「力不足」と「役不足」の混同。正しい使い分けをマスターしておきたい

この年代になると、地域活動の世話役や集合住宅居住人組合の理事などさまざまな役割を務めてほしいという要請がある。できれば積極的に引き受け、地域に貢献したいところだが、気が進まない場合もあるだろう。

そんなとき、「私は力不足で……」と答えればまだしも、「できません」「無理です」では協力する気持ちはないと言わんばかり。反感をかうだけだ。

「力不足」によく似た言葉に「役不足」がある。「力不足」は当人の力が足りずにできないこと、**「役不足」は当人の力に対してその役は不足している、不満足だと真逆の意味になり、意味が異なる**ので注意したい。

文化庁の調査では「役不足」を「本人の力量に対して役目が軽すぎること」と正しく使う人が、平成14年では27・6％、24年では41・6％と増え、日本語の向上が認められる。

お疲れ様です

一緒に仕事をしている人に対する挨拶言葉。目上の人に使うのは本来は失礼とされるが……

「お疲れ様」は本来は相手の労をねぎらう言葉で、上の者が下の者、あるいは同僚など同じ立場の人どうしの間で使われた。しかし、現代では、日常的によく使われるようになっており、目上の人に対して使っても失礼だと受け取られることはなくなりつつある。

ただし、**目上と言っても、社内の上司まで。**社外の偉い人や来客、年長者に対して「お疲れ様」は失礼にあたる。こうした相手には「お世話さまでございました」、あるいはシンプルに「ありがとうございました」と言うようにする。

同じような言葉だが、「ご苦労様」は明らかに使用者側が使用人をねぎらうときに使う言葉だ。上司や目上の人に使うと呆れられるか、激怒されても仕方がない。

せいぜいがんばって

以前、時の首相が五輪選手に「せいぜいがんばって」と言って物議をかもした。なぜだろう？

「せいぜい」は「精々」。もともとは「一生懸命」「力のかぎり」という意味で、「せいぜいがんばって」は**「心からのエール」**と解釈すべきだと言える。

だが時代が下がるとともに、「せいぜい」に否定的なニュアンスがこもるようになり、いまでは「せいぜいがんばって」と言われると「（どうせ、がんばったところで、大した結果は出せないだろうが）、まあ、がんばってきてください」という意味にとるほうが優勢になっている。

応援するならば、**「力いっぱいがんばってください」「全力でがんばってください」**など、素直な表現のほうが誤解を生みにくい。

ＮＨＫのウェブ調査（２０１５年）では「せいぜいがんばって」を嫌みにとるのは20代で80％、一方、60代では「嫌みか応援かは状況による」と答えており、世代差が大きい。

御《おん》の字《じ》

いい表現なのか、そうでもないのか。使う人、場面などで判断しないと意味がわかりにくくなってきている

「マンションの夕涼み会。30％ぐらい集まれば御の字だと思っていたら、半数近くが集まり、大成功だった」などと使われるように、**大いにありがたい、大満足だという意味**の言葉。江戸時代、遊郭から出た言葉で、とびきり美しい花魁《おいらん》など、これ以上望めないほどの遊女を「御の字」と呼んだことが初め、と伝えられる。

ところが最近になって、「まあ、納得できる」という意味で使われるようになってきており、文化庁の「国語に関する世論調査」（平成20年）の結果では、「いちおう、納得できる」が51・4％、「大いにありがたい」が38・5％と本来の意味ではない使い方をする人のほうが優位になっている。

「御の字つきの美人」とほめられたときなどの答え「面はゆいです」はまぶしくて顔が向けられないという意味。うれしい反面、きまり悪い気持ちも込められている。

やぶさかではありません

「イエス」なのか、「ノー」なのか、はっきりしない――。本来の意味を知って、正しく使いたい

なにかを頼まれ、引き受けるときに、ただ「いいですよ」と答えるのではぶっきらぼう。「やぶさかではありません」と言うと、謙虚に聞こえ、好感を持たれる。

「やぶさか」は「吝か」と書く。ケチという意味の吝嗇《りんしょく》という言葉もあるように、物惜しみ、骨惜しみするという意味がある。そこから「やぶさか」はやりたくないという意味になり、それに「ではありません」と否定語を加えて、「やりたくないわけではない」と使われるようになった。こうして一歩引くことにより、**「ぜひ、やらせてください」という気持ちを謙虚に伝える**ことになる。

ひとひねり加えた「緩徐法《かんじょほう》」と言われる表現法だ。

最近は「やぶさかでない」は「気は進まないけど、お引き受けします」という意味に受け取る人が増えている。相手が若い場合には使わないほうが無難かもしれない。

のべつ幕なしに

よく耳にする言葉なのだが、実は、「のべつ」ってなんだろう？　と首をかしげる人も多いはず……

「のべつ」とは「述べる」の「のべ」に「つ」がついたもので、「どこまでも続く」という意味。「幕なし」は芝居公演で、幕が引かれることなく、延々と演じられること。二つの言葉が合わさった「のべつ幕なし」は**「絶え間なく」「ひっきりなしに」「年がら年中」という意味**になる。

「のべつ幕なしにヨメの悪口を言っていると、しまいには向こうから縁を切られてしまうよ」とか「のべつ幕なしに口ゲンカをしているくせに、出かけるときはいつも一緒だ。仲がいいんだか悪いんだか」などと使う。多くの場合、悪いことが続く場合に使われる。

「まかり間違えば」の「まかり」も意味不明だ。「まかり」は強調する言葉で「一歩間違えれば」「すんでのところで」「ギリギリのところで」という意味になる。

かてて加えて

「かてて」ってなんのこと? 改めて考えてみるとさっぱりわからない。正しい意味を知って使おう

年長の人や語彙力が豊富な人の話によく出てくる「かてて加えて」。なんとなく聞き流してしまいがちだが、「かてて」は「糅《か》つ」の連用形。「糅つ」とは「混ぜ合わせたところにさらに加える」という意味があり、「かてて加えて」は「その上、さらに」という意味になる。「強烈な雨、風、かてて加えて寒さも加わり……」などと**多くの場合、よくないことが重なるときに使われる。**

同じく豊かな語彙力を印象づける言葉に「**ご多分にもれず**」がある。「ご多分」は多くの場合。それにもれないところから「**世間でよくある**」**という意味**になる。「ご多分にもれず、私も定年後は所在なく暮らしています」などと使う。

漠然としか意味がわからない言葉には「けんもほろろ」もある。これはキジの羽音から来た言葉で、不愛想、とりつくしまもない、つっけんどんという意味で使われる。

さしもの

非常に優れているのに、結果が伴わなかったときに使う。「あれほどの」と同義語

「名人と言われ、人気を誇っていた○○師匠がついに引退するそうだ。さしもの名人も時代の変遷にはついていかれなかったのだろう」などと使われる。「さしもの……」は副詞の「さ」に助詞の「し」「も」がついた言葉で、**大いにもてはやされていたものが相応に扱われなくなることを惜しむ思いが込められている。**

同じように、正確な意味がわからない言葉の一つ「**あたら**」は「あたらし(可惜らし)」の語幹だけを使った表現で、「惜しくも」「残念ながら」という意味。

「**やおら**」は「物事がゆっくり進む様子」、または「静かに」という意味。

「**つとに**」は漢字で「夙に」と書き、「ずっと以前から」という意味だ。

これらの言葉はたとえば「最近つとに……」などと間違って使われることも多い。使うなら正しい意味、用法で使わないと恥をかくだけ。ちゃんと調べてから使いたい。

いやがうえにも

「いやがうえにも」と「いやおうなしに」など、違いのわかりにくい言葉こそ正しく使い分けたい

「いやがうえにも」は**「ますます状態が進む」「だんだんはなはだしくなる」状態を表す言葉**だ。漢字では「弥」。「弥栄《いやさか》」の「弥」だ。これは「いままでよりももっと」という意味で、「弥栄」と言えば、「ますます栄える」ことを言う。

「彼の人気がいやがうえにも高まっていき……」のように使われる。

一方の「いやおうなしに」は漢字では「否応なしに」と書くことからわかるように、「否（NO）」でも「応（YES）」でもなく。つまり、「いやだろうと、そうでないとしても、やらなければならない」。**相手の意思に関係なく、なにかを強いる場合などに使う言葉。**二つの言葉は完全に意味が異なることを知って使い分けを。

これもよく似た「遅ればせながら」は遅く駆けつけましたが……、つまり、遅れてしまいましたが、という意味。「遅まきながら」は行動開始が遅れた場合に使う。

うだつが上がらない

いつまでもぱっとしないことをなぜ「うだつが上がらない」と言うのだろうか？

どうもさっきからクシャミが止まらない。「うちのムコはいつまで経っても平のまま。うだつが上がらなくてね」などと噂されているのではないだろうか。

「卯建」とは隣り合った町家の間に防火壁の目的で建てられた小さな柱状のもの。しだいに単なる装飾へと変化していき、裕福な商家などではことのほか立派な「卯建」を建てるようになっていった。

そこから、「卯建を上げる」と言えば裕福になること、成功、出世することを意味するようになった。ただし**「必ずうだつを上げてみせる」などと肯定的に使うことはなく、「うだつが上がらない」と否定形で使う。**

同義語には「伸び悩んでいる」「鳴かず飛ばず」「いつまでも売れない」「世間に認められない」「世に出ない」「くすぶっている」「一向に芽が出ない」……などがある。

うがった見方

「なかなかうがった見方だね」と言われたら、喜ぶ？　それとも落ち込む？　受け取り方が分かれる言葉

「うがつ」は「穿つ」。小さな水滴も何万年も落ち続けているとついには穴があく。そうしたことから、「うがった見方」は細かなところも見つめ、深い洞察に裏付けられた優れた考え方だという意味になり、**本来は、相手の考えを大いにほめる言葉**として使われてきた。

最近では、「うがった」の「細かいところをつつく」という意味だけをとらえ、「疑《うたぐ》り深い考え方」「ひねくれた考え方」だという意味で使う人も増えている。だが、本来の意味を正しく理解している教養ある相手には謙虚さを印象づけ、言葉の知識が豊富であることも伝えられ、高い評価につながるはずだ。

「それはうがちすぎだよ」と言われた場合は、「深読みしすぎる」「気をまわしすぎて、かえって見当はずれだ」という意味になり、否定的な評価をされたことになる。

したたか

「したたかな人」と言われたら、喜んでいい？　それとも腹を立てる？　解釈は二手に分かれる

「したたか」は漢字で「強か」と書く。使い方、使われ方によって意味が大きく分かれる、難易度の高い言葉だ。

一つ目の意味は「大いに」「ひどく」など。「久しぶりにしたたかに酔った」「したたかに腰を打った」などと使う。

二つ目は「強くしっかりしている」という意味。「彼女はしたたかで抜け目がない」「したたかなやり方で難局を乗り切った」などと使う。だが、「したたかな」という言葉には、「しぶとい」「強情だ」「油断のならない」という意味も含まれるため、**ほめ言葉としては使わない**ほうがよさそうだ。

「したたか」と同じような意味の言葉には「手ごわい」「図太い」「押しが強い」「打たれ強い」「抜け目がない」「計算高い」などがある。

不徳のいたすところで

こう言っただけでお詫びをしたと思い込んでいる人があんがい多いが……

不徳の「徳」は人として備えておくべき精神性や人が踏み行うべき道という意味だ。「不徳」はそれが欠けている、人の道にはずれているという意味になる。

ミスというより、配慮不足から起こったトラブル、コンプライアンスに欠けることが起こったような場合、責任ある立場の人が「私の不徳のいたすところです」と謝罪しているのを見聞きすることがあるだろう。

だが、こう言っただけでは謝罪の気持ちは伝わらない。「不徳の……」の後に、**必ず「深くお詫びいたします」「心からお詫び申し上げます」など真摯な詫びの言葉をつけ加える**ことを忘れてはならない。

一般的なお詫びなら「不徳の……」は大げさすぎる場合も。「私どもの責任でございます」「私の力不足で指導が行き届かず、大変申し訳ありませんでした」などでよい。

お上手ですね

大いにほめているつもりなのだろうが、相手は微妙な表情を浮かべている。かなり失礼だと気づこう

意外に難しいのがほめ言葉だ。特に年長者や目上の人に対する場合は言葉選びに慎重を期さなければいけない。

本来、「ほめる」とは、上の者が下の立場に対して行う行為だ。「お上手」とか「すごいですね」は上から目線の言葉以外の何物でもない。したがって、上の立場の人や年長者をほめるときは「**素晴らしいお作品ですね**」とか「**見事な筆使いに感服いたしました**」と、こちらが感じ入ったという言葉を選ぶようにしよう。

自分より若い人や立場の下の人には「**がんばりましたね**」とか「**感心しました**」「**日ごろの努力の賜物ですね**」などと言うとよい。

ほめ言葉だけよりも、「色使いが素晴らしくて」とか「発音がネイティブ並みで驚きました」などと、特にどこがよかったかを具体的に伝えるといっそう真意がこもる。

お口よごしですが

人に食べ物を供するときに使う言葉だが、「まずいものですが」と誤解している人も多い

年長で、知識も豊富だと思われる人に食べ物を持参するときなど「お口よごしですが……」と得意げに言っている人がある。「口をよごす」を品が悪い、おいしくないものだという意味だと思い、謙遜表現だと信じて使っているのだろう。だが、これは大きな間違いで実際は赤っ恥をかいていることに気づいてほしい。

「お口よごし」は**「口のなかをよごすくらいのほんの少量で、とてもご満足はいただけないでしょうが……」という意味**で、意味するところがまったく違う。

食べ物を差し上げるときよりも、手料理でもてなす場合などにふさわしい言葉だ。もちろんテーブル一杯、大皿料理が並んでいるときには適さない。

料理をすすめるときには、「さあ、ご遠慮なくどんどん召し上がってくださいね」とか「お代わりもありますから、たくさん召し上がってくださいい」などと言うとよい。

鳥肌が立つ

極端な恐怖や寒気を感じると鳥肌が立つことがある。最近は感動するときにもよく使われる

「クライマックスシーンでは鳥肌が立つほどの感動を覚えた」。話題の映画を観たときなど、こんな風に人に話したことは誰にでもあるはずだ。

「鳥肌が立つ」とは肌に小さな突起ができること。興奮すると交感神経が刺激されて立毛筋が収縮する。その結果、肌に鳥の皮のようなブツブツができる現象をこのように表現したもの。寒いと感じるとこのようにして毛穴を引き締め、体温の放散を防ぐ、哺乳類に備わる生理現象だ。

ほかにも感動や興奮、恐怖にかられたときにも同様の現象が起こることから、**ひどく興奮したり感動したときの表現としても多用されるよう**になっている。

「身の毛がよだつ」という言葉は『平家物語』に「修法《ずほう》の声みのけよだって」とあるように、主に恐怖のために全身の毛が立つように感じるときに使われる。

敷居が高い

本来は、不義理をしているなどで行きにくい家のことを言ったが、最近は意味が少し変わってきた

「○○さんの家に来ないかと誘われたんだが、一緒に行かないか」と声をかけられた。だが、○○さんとは以前ちょっとしたもめ事があって行きにくい。こうしたときは「実は○○さんの家はちょっと敷居が高くてね。今回は失礼させていただくよ」と言えば**それ以上、詳しく説明しなくても、ははーん、○○さんとなにかあったのだなと察してもらえる**はずだ。

……だが、最近では、「敷居が高い」を、高級すぎて行きづらい店というような意味で使う人が圧倒的に増え、『広辞苑』第七版では、これまで誤用としていたこの使い方を「誤用としない」説を採用している。

最近、よく使われる「ハードルが高い」は乗り越えなければならない障害が高い、が元の意味。現在では「自分にはレベルが高い」という意味にも多く使われる。

齟《そ》齬《ご》をきたす

考え方に食い違いがあるときに使う言葉だが、一歩間違うと上から目線になり、相手を怒らせてしまう

「『町内会のお祭りのプランをまとめてきました』と言うのでざっと目を通したところ、何点か齟齬があることが判明。もう一度、話し合うことにした」などと使われるように、「齟齬」は食い違い、意見や考え方に違いがある場合に使う。

「齟」は何度も噛《か》むということ。「齬」は「互いに入れ違う」こと。「何度噛み合わせていても入れ違っていて合わない」。その結果、うまく物事が進まないということまでを含んだ言葉だ。

あくまでも互いに入れ違っていることがポイントで、「我が社の方針とは齟齬があります」と一方的に相手が違っていると言わんばかりの使い方は失礼になる。

「互いに……」という意味合いから、第三者が「AさんとBさんの考え方には齟齬がある」のように使うとよい。類語には「不一致」「矛盾点」「相違点」などがある。

忖度《そんたく》する

流行語にもなったほどで最近よく耳にするが、正しい意味を知って使っている人はあんがい少ない

国会で話題になった「忖度」。もとは中国の『詩経』が出典の知性あふれる言葉。**本来は「相手の気持ちを汲み取る」「相手の気持ちを推し量る」という意味**で、人間関係の基盤となる心づかい、気づかいを表す。

だが、近年、国会で政治家たちが「忖度」を「上の者に気に入られようとして、意向を推測し、取り入れる」という意味、さらに言えば「上の者に気に入られようとしてへつらう」というニュアンスを込めて使い、少し意味が変わってきた。

これまで日常会話ではめったに使われなかった言葉だが、最近は「私なりにソンタクしたのよ」などと普段の会話でもよく使われるようになっている。

「推し量る」「推測する」「みなす」……なども同義語だが、これらには「へつらう」という意味合いは含まれていない。

惻隠《そくいん》の情

これも最近、メディアで時々見かける言葉。相手を深く思いやる「徳の深い」心づかいを言う

「惻隠の情をもって人と接する」。これが人としての徳に通じると孟子は説いた。

「惻」は深く相手を理解しようとし、同情すること。「隠」は心を痛めるという意味。つまりは、**深い愛情を持って、相手の心情を感じ取ろうとする気持ち**を言う。

わかりやすく言えば、相手の深い気持ちを理解しようとすれば、たいていのことは受け入れることができるという意味になる。

「本来なら厳罰に処すべきことかもしれませんが、惻隠の情をもって、お咎《とが》めなしとしましょう。そのかわり、大いに反省し、二度と同じようなことはしないようにしてください」などと使う。

「深い慈悲の心で」「いたわりの心で」「温かなはからいで」「大きく寛容な心で」「やさしい配慮で」なども、同じような意味で使える言葉だ。

コラム お手上げとは言いづらいカタカナ語

アルゴリズム（algorithm）

本来の意味はコンピュータで計算を行うときの計算方法のこと。そこから転じて、なにかを行うときの方法。いくつかの可能性のなかでいちばんよい方法を見つけようとする。これを「アルゴリズムを精査する」などと使われる。

インフルエンサー

「インフルエンス（Influence）」＝影響、作用などの意、から生まれた言葉。タレントやスポーツ選手、人気ブロガーなどインターネットマーケティングなどで多くの人に影響を与える人を言う。

エゴサ

エゴサーチ（egosearching）の略。インターネット上の自分の評価や評判などを検索することを言う。芸能人など著名な人だけでなく、最近は一般人でもエゴサをする人が増えているそうだ。

エモい

感情的な、という意味の「emotional（エモーショナル）」の略。せつない、なつかしいなどの感情を含む、なんとも言えない感情の動きを表す言葉。ＬＩＮＥなどで「君の感想、ちょっとエモくてうるっときた」などと使われる。

ゲスい

「ゲス」は「下衆」から。身分が低い↓卑しい人の意味から、品が悪い、素行が悪いなどを意味する俗語。目上の人の前では使わないほうがいい。

ゲノム（genome）

本来は、生物が生きていくために最小限の1セットの染色体、およびその遺伝情報のことを言うが、一般的には全遺伝情報という意味で使われている。「医学はゲノム医療の時代に向かっている」などと使われる。

サステイナブル（sustainable）

持続可能という意味。「環境保全」「社会利益」「経済メリット」の3点のバランスがとれていないと、今後の発展性は望めない。特に、環境に配慮していることを指すことが多く、「サステイナブルコーヒー」と言えば、環境への負荷を十分考慮した生産環境を維持しているだけでなく、そこに働く人のコミュニティを壊すことがないようにという点まで配慮し、生産されたコーヒーを意味する。

ソーシャルメディア（social media）

TwitterやFacebookなど、インタラクティブ（双方向）

でコミュニケーションできる情報発信手段のこと。これまで受け手だった一般人も自由に発信でき、情報社会のあり方が大きく変わった。2018年10月現在、日本国内だけでFacebookは2800万人、Twitterは4500万人が利用している。

ディスる

「インスタ（スマホで情報を共有すること）にあげた画像をディスられた」とか「○○のことをディスっていた」などと使う。「ディスる」は英語の「disrespect（ディスリスペクト）」から。相手を侮辱する、相手をバカにして悪口を言うという意味になる。

ドローン（drone）

ざっくり言うと「空を飛べるが、人が乗って操縦しない機体」のこと。「ドローン」という言葉は英語で「ミツバチの羽音」を意味する。

最近は軍事用、産業用、空撮用など幅広く使われるようになっている。

ハイブリッド（hybrid）

もともとは生物学用語で「種や品種が異なる植物や動物から生まれた子孫」を指す言葉だった。現在では、「異種の要素を組み合わせたもの」を言い、代表的なのが「ハイブリッドカー」だろう。「ハイブリッドカー」はガソリンで動く内燃装置と走行しながら発電し、その電気でも動く車を言う。

バウチャー（voucher）

証明書や引き換え券のこと。旅行社でホテルなどを手配してもらうと「バウチャー」を受け取り、現地ではそれを提示して手続きをする。

ハッシュタグ（hash tag）

SNS（Social Networking Service＝インターネットを通して人間関係を構築するスマホなどのサービスのこと）で「＃（ハッシュマーク）」の記号を使って投稿すること。関連した投稿を検索しやすくなるなどの利点がある。

ビッグデータ（big data）

一般的なデータ管理では扱えないほどの巨大で複雑なデータのこと。この巨大ボリュームのデータを解析することから、ビジネスの新しい可能性、疾病予防、犯罪防止などあらゆる分野において、新たな解決策につながる可能性が導かれると期待されている。

フェイクニュース（fake news）

フェイクとはウソのこと。虚偽のニュースを本物のニュースと見せかけて流布・拡散することが頻発している。SNSを利用するとそれが短時間かつ大規模に広げることが可能な時代で、社会に大きな影響を与えることが懸念されている。

たとえば英国のEU離脱やアメリカ大統領選挙などにおいて多くのフェ

イクニュースが拡散され、投票行動に大きな影響を与えたといわれている。

ポートフォリオ（portfolio）

元の意味は紙ばさみ、書類入れという意味で、資産の明細書を入れて保管していたことが語源になっている。

現在では金融商品の組み合わせという意味で使われている。具体的には安全資産とリスクのある資産の最適配分を考えることで、どのように配分するかを決めることを「ポートフォリオを組む」と表現する。

ワンチャン

「One Chance」の略。「いまから向かえば、まだ最終回の映画、ワンチャンあるかな」などと、「もしかしたら、可能性があるかも」という意味で使われる。

最近はさらに「ノーチャン」（チャンスがない）「フルチャン」（100％、可能性がある）などの発展形も使われている。

第9章

メール、スピーチの決まり文句から、
機知を利かせたひと言まで――

きちんとした人と感心される好フレーズ

私事で恐縮ですが

――状況により、「しじ」と「わたくしごと」と異なる読み方で使い分けると、教養の深さを印象づけられる

上司や目上の人などにプライベートなことを話しかける場合や、ビジネストークで盛り上がっているところに、私的なことを言い出す場合に使うクッション言葉。「私事で恐縮ですが、その日は孫の運動会なので、私は欠席させていただきます。最近は、おじいちゃん・おばあちゃん席がちゃんと用意されているんですね」などのように使う。

会話、メールなどでも、個人的な場合や親しい間柄ならば「わたくしごとですが」と使い、目上の人や公的な場では「しじですが」と読み方を使い分けるといい。「しじですが」のほうがより丁寧だが、やや硬い印象になる。

詫びる必要がない場合には「私事ではございますが、息子の嫁が海外育ちで英語が達者です。当日の通訳を任せることはできると思いますが……」などのように使う。

ご厚情をたまわり

日ごろからお世話になっている人に送る改まったメールなどに使われる「決まり言葉」の一つ

「厚情」は深い心づかいや情けのこと。「**日ごろから一方ならぬご厚情をたまわり**」などと使う。相手への深い敬意を込めて、「賜り」と使うのが普通。年賀状やお礼状でもよく使われる。「一方ならぬ」はよくご厚情とセットで使われる言葉で、「並一通りではない……」「普通ではない」というような意味だ。

また、結婚式などでスピーチをしてもらった後にも「**ただいまはご厚情あふれるお言葉をいただき……**」などと使い、相手への深い謝意を示す。

「ご厚情をたまわった」場合は、「**ご厚情にお応えできるよう、今後も精一杯、努めてまいります**」などと言葉を返すと感じがいい。

「厚情」と同じような言葉には「ご厚誼《こうぎ》」「ご高配」「ご厚意」などがある。いずれも、必ず上司、年長者など目上の人に使う。目下の人に使うと恥をかくことになる。

ご査収ください

メールにファイルを添付したり、文書を送る場合にひと言添えると丁寧な印象になる

在職中は言うまでもなく、リタイア後もメール連絡が主、という時代だ。データや資料をファイル添付することも増えている。そんなとき、**「資料を添付させていただきました。ご査収ください」**と書くと好印象になる。

査収の「査」は「よく見て調べる」とか「確認する」という意味。「収」は「取り入れる」「おさめる」という意味で、尊敬語の「ご」がついているので目上の人に使っても失礼にはあたらない。

メールだけでなく、金品、資料などを送る場合も送り状に「ご査収ください」という言葉を書き添えると丁寧で行き届いた印象になり、好感度がアップする。

目上の人や取引先などに対して「ご査収」を使うときは「ご査収のほど、よろしくお願い申し上げます」のように「ほど」を入れるといっそう印象がアップする。

忌《き》憚《たん》のないご意見

なんでも思ったことを言ってほしいというときの上級表現。改まった席ではぜひ、こう言いたい

「忌憚」は、聞いたことはあるが使ったことはない、という人が多い言葉だろう。

「忌」は「忌まわしい」という意味、「憚」は「はばかる」「気兼ねする」という意味で、「はばかることを忌み嫌う」。つまり、遠慮や気づかいを遠ざけ、相手との距離感を縮めて、腹蔵なく正直に話し合いたいときに使う言葉になる。

「忌憚なく」だとやや硬いと感じる場合は、**「遠慮なしになんでもおっしゃってください」「お気づかいなく、本音をお聞かせいただきたい」**などと言い換えてみよう。

基本的には目上から下の立場、もしくは同等の立場の人に言う言葉で、目上の人に向かって、「忌憚なく言わせていただきますと」などと使うのはNG。

下の立場の者が上司など目上の人に向かって言うときには「本音を言わせていただいてよろしいでしょうか」とお伺いを立てるように言う。

お力添えいただきたく

ちょっと助けてもらいたい。目上の人にこう言いたいときには――ぜひ、この表現を使ってみよう

誰かの手助けが必要だ。助けてもらえると助かる……。こうしたとき、特に目上の人にはなんと切り出せばいいか、悩むこともあるだろう。こんなときの鉄板言葉が**「お力添えいただきたく……」「お力添えください」**だ。

「お力添え」は文字通り、力を添えてください。つまり、ちょっと助けていただきたいと願うこと。つまり、全面的に相手に依存するのではなく、あくまでも主体は自分自身。私自身、がんばりますが、「ぜひ、ご助力ください」と頼むわけだ。

普段からいろいろ助けてもらっている人のメールなどには**「日ごろ、何かとお力添えいただきありがとうございます」**などと書き出すとよい。

「お力をお借りできませんでしょうか」「ご助力ください」も同じ思いを伝える言葉。言うまでもなく相手は目上の人で、下の者に対しては「力を貸してほしい」でいい。

私ども

正式な席、公式な場で、「私たち」と言っていないだろうか。うっかりしがちだが、これは失礼にあたる

「私たちといたしましては全力を尽くしたつもりで……」。丁寧な表現だと思い込み、平気でこんな言い方をしている人は珍しくない。

「私たち」の「たち」は「達」。公達《きんだち》という言葉もあるように、本来は身分の高い人の複数につける接尾語。一方、私どもの「ども」は「供」。**お供の者程度の立場ですというように、へりくだった意味**を持っている。したがって、正しくは「私ども」と言うべきなのだ。

「小生」はへりくだった意味はあるが、やや軽い表現になる。相手を呼ぶときには「そちら様」。会社なら「貴社」「御社」。自分の会社は「弊社」「小社」「当社」。

相手のものに対する敬語表現はたいてい「貴」をつければいい。「貴校」「貴会」「貴庁(省庁)」「貴院(病院)」「貴行(銀行)」「貴学院」「貴組合」など。

末席をけがす

晴れがましい席に招かれた場合にはこう返すと、きちんとした言葉を知っていると評価される

自分にとってはちょっとハードルの高い席や会合に参加なさいませんか、と声をかけられた。そんなとき、「私なんかが行ってもいいんでしょうか」という返事はみっともない。代わりに「末席をけがさせていただきます」と言えば、豊富な語彙力、日本語の教養のあるところを印象づけることができる。

「末席」は一番下の者が座る席を指す。自分は一番下の席にさえ及ばない、そのくらい未熟で地位も低いが、とへりくだり、他の者を敬う表現だ。

と言ってももちろん、実際に末席に座る必要はなく、会では堂々と皆と歓談したり、楽しく盛り上がって交友を深めてかまわない。

「末席をけがすだけでいいから、出席してくれないか」などと言うのは非礼もいいところだ。あくまでも招かれたほうが謙遜して使う言葉であることを忘れないように。

お招きにあずかる

目上の人や年長者から招待された。そんな場合、挨拶の第一声はこの言葉から始めると丁寧な印象に

「〜にあずかる」は目上の人から好意あふれることをしてもらったとき、それを受けて使われる言葉だ。最もよく使われるのが、**「お招きにあずかる」「おほめにあずかる」**だろうか。ほかに**「お相伴にあずかる」「饗応にあずかる」「おもてなしにあずかる」**なども使う。

特別会員限定のご招待、めったには参加できないパーティなどに招かれた場合などは「本日はこのような席にお招きにあずかり、光栄です」とか、「〜ただ、感謝のひと言です」「〜誠にありがとうございます」などと続けるといっそう丁寧なお礼になる。

「お招きにあずかる」は漢字では「……与る」。「関与する」「好意であることを受ける」という場合に使い、「預かる」は「保管する」「運営を任される」などの場合に使う。

僭越ながら

結婚披露宴のスピーチなどでよく耳にする言葉。どんな意味があるのだろう？

「僭」は身分不相応に調子にのるという意味。「越」は「越す」で文字通り、自分の立場を越して調子にのるようですが……という意味。**二つ重ねて、「身のほどもわきまえず、失礼いたしますが」という意味をさらに強調している**ことになる。

開会の挨拶、皮きりのスピーチなどはその座でいちばん高い立場の人が行うのが普通だ。そうであっても「僭越ながら」と断り、「本来は私のようなものがこのような大役を務める任ではありませんが」と言うと謙虚さを印象づける効果がある。

また、人に意見をしたり、異論を唱える場合にも「僭越ながら、私はそうは思っておりません」などと切り出すと反感をかわない。

「憚《はばか》りながら」も「自分の立場を顧みず失礼しますが」という意味で使われるが、どちらかと言うと、遠慮しながら「厚かましいようですが」という意味合いが強い。

乾杯・献杯

よく似た言葉だが、使うシチュエーションはまったく異なるので、万が一にも間違うことがないように

結婚披露宴など、めでたい席で行うのが「乾杯」。新郎の直属の上司や学生時代の先輩、親友などが「乾杯」の音頭をとることが多い。

「ただいま、ご紹介にあずかりました、新郎○○君の大学時代の先輩にあたる××でございます。僭越ではございますが、ご指名いただきましたので、乾杯の音頭をとらせていただきます」と挨拶してから、「誕生したての○○ご夫妻のますますの幸せを祈念して、乾杯！」とグラスを高く掲げるのがお決まりだ。

一方、**葬儀や法要後の席で、故人をしのんで杯を捧げるのが「献杯」。**遺影に向かって「献杯！」と唱和しながら、杯を軽く上げるのが作法とされている。

「乾杯」も「献杯」もその前に短いスピーチをすることが多い。音頭とりを依頼されたら、あらかじめ、スピーチを考えておくと慌てずに、感じのよいスピーチができる。

薫陶《くんとう》のお陰

恩師に向かって、「私が今日あるのは、先生の薫陶の賜物《たまもの》です」と言えば、先生は最高に喜ぶ

「薫陶」の「薫」は香を炷《た》き込めること。「陶」は土をこね、形作るなどして器を作ることを言う。つまり、無の状態から土をこねて器の形を作り、出来上がった作品にさらに香を炷き込めるようにして心を込め、弟子などを育てた場合に使われる。

「私が今日あるのは○○先生の薫陶のお陰です」という言葉には、**師や親などが手を尽くし心を込めて教え導き、主に徳や品格など内面を磨いて人間性を高めてくれたことへの感謝が込められている。**

教えを受けたお陰で腕前や技術が向上したという場合には普通に、「ご指導のお陰で」「ご指導の賜物です」と言うほうが素直に耳に響く。

自ら手本を示して教える「率先垂範」、人に先立って進むべき方向を示す「陣頭指揮」など、人を教え導く方法を示す言葉も覚えておこう。

肝に銘じる

「今後、教えを深く覚えておき……」と言いたいときにこの言葉を使うとワンランク上の印象になる

「ただいま頂戴いたしましたお言葉を肝に銘じ、今後も精進してまいります」

偉い人にスピーチをしてもらった後などにこのように受けると、話した人もその場にいた人も改めて深い感激にひたる。そんな効果を期待できる決め言葉だ。

古代中国の医術では人の臓器は「五臓六腑」あると考えていた。なかでも重要なのが「肝臓」、つまり肝。肝試しというように、肝は「心・精神」をも左右するものと考えられた。

「肝に銘じる」は**その肝に深く刻みつけ、絶対に忘れませんという強い意志を表す**言葉として、話し言葉、手紙、メールなどに広く使われている。

「心に刻む」「胸に刻む」「脳裏に刻む」なども同様の意味の言葉。なかでも、「肝に銘じる」はいちばん強い思いを表し、普段の会話から正式の席まで広く使える。

ご寛《かん》恕《じょ》ください

許しを請う言葉のバリエーションをいくつか持っていると、対話、メールなどが単調にならない

「このたびの不手際につきましては、なにとぞご寛恕くださいますよう、伏してお願い申し上げます」。そんなメールや詫び状が届いたことはないだろうか。

「寛」は度量の広いこと。「恕」は許すという意味。つまり、「寛恕」は「広い心でどうぞ許してください」という意味になる。「**どうぞ、お許しください**」よりも**豊かな語彙力の持ち主であることを示すことができ、好感を持ってもらえるだろう。**

同様の言葉に「**ご海容ください**」もある。こちらは「海のように広い心でご容認ください」という意味で、より語彙力が豊かで教養があることをうかがわせる。

相手が知識人である場合などにぜひ使いたい言葉だ。

「ご寛恕」は対話シーンでも使えるが、「ご海容」は普通、書き言葉の場合のみ使われる。「誠に遺憾に存じております」「陳謝いたします」も丁寧な詫び言葉だ。

ご容赦ください

これも許し言葉だが、ほかに申し出を断る場合にも使えることを知っておき、使い分けたい

「ご容赦ください」も「お許しください」「大目に見てください」……という意味だが、「ご寛恕ください」「ご海容ください」より普段からよく使われる。

「ご容赦ください」にはほかに、**相手の要求をやんわりと断りたいときにも使うことができる。**無理な要求をされたときなど、「その件はどうぞご容赦ください」と言うだけで、「お申し出をお受けすることはできません。お気持ちに添えないことをどうぞお許しください」と断固とした意思を伝えることができる。ストレートに断るより丁寧な印象で、相手もきっと了承してくれるはずだ。

相手の申し出を断りたいときには「その件はご遠慮させていただきます」「どうかご辞退させてください」などという表現を使うこともできる。

慙《ざん》愧《き》に堪えない

不祥事を起こしたときは深くお詫びし、「慙愧に堪えません」という言葉を加え、反省の念を伝える

企業トップや政治家など偉い人のお詫びには、よくこの言葉が登場するところから、詫び言葉だと思い込んでいる人は少なくないだろう。

「慙愧に堪えない」は実際は「自分の言動を恥じる気持ちでいっぱいだ」という意味。もとは仏教の言葉で、「慙」は己に対して恥じること。「愧」は他人に対して恥じること。ひいては、深くお詫びするというときに使われる決まり言葉へと転じたもの。

単に詫びるだけでなく、**自分に対しても他人に対しても「恥じる」気持ちを示し、単なる詫び言葉以上の深い気持ちがこもっているという思いを伝える。**

よく似た言葉に「(自分自身を)恥じております」とか「悔悟する」などがある。「悔悟」は反省より後悔の念が強く、重大な罪を犯した場合などによく使われる。

断腸の思い

耐えがたいほどつらいときに使う。
「断腸の思いで息子を選ばず、一番弟子を後継者に据えた」などと使う

伝統芸能の家に生まれても必ず跡継ぎになれるとは限らない。才能がなければ、本人もやがて苦しむことになるのだから。そんなとき、父であり、師でもある人の苦悩はいかばかりだろうか。まさに「断腸の思いそのもの」ではないか。

「断腸の思い」とは文字通り、**「腸がちぎれる」ほどの苦しみ**を言う。中国・晋《しん》の時代の武将・桓温《かんおん》が河を下っていたとき、子ザルを捕まえて船に乗せたところ、母猿が必死に追ってきたが、母猿はついに力尽きて死んでしまった。腹を割いてみると腸がズタズタにちぎれていた。以来、ひどい苦しみを「断腸の思い」というようになった、と伝えられる。

「身を切られるほどつらい」「胸が張り裂けるような悲しみ」「いたたまれないほどの苦しみ」なども類語。断腸の思いは本当に耐えがたい苦しみのときにのみ使うとよい。

お察しいたします

大事な人を亡くしたり、災害や事故にあって傷心している人には、この言葉をかけると好印象になる

相手の悲しみや憤りが大きいときには多くの言葉をかければかけるほど空疎な響きになりがちだ。こんなときには言葉少なに抑え、あとは「……お察しいたします」と深く頭を下げるほうが、相手に対する深い思いを伝えやすい。

「**お悲しみ、いかばかりか……**」。**心中、お察しいたします**」「**どんなにご苦労なさったか、お察しいたします**」などと使う。けっして失礼な表現にはならないが、目上の人のなかには失礼だと受け取る可能性もあり、使わないほうがよいだろう。

こちらのつらい状況を推し量ってほしいときには「**どうぞ、私の気持ちもお汲み取りください**」「**私どもの立場もお察しいただければ……**」などと言う。

目上の人、年長者には「ご拝察いただければ」とか「どうぞ、ご賢察くださいますように」などとやや硬い表現を使うと、言葉をよく知っている人だと評価される。

このたびはご愁傷さまです——不幸の席では凝った挨拶は不要。月並な言葉でも心を込めて言えば、それが最高のお悔やみになる

最もよく使われる「ご愁傷さまです」の「愁傷」とは「お気の毒です」という意味。さらにつけ加えたいならば**「心からお悔やみ申し上げます」「慎んでお悔やみ申し上げます」と続けるとさらに丁寧なお悔やみの挨拶になる。**

親しい間柄ならば「突然のことで驚きました」「本当に残念でした」「先日お目にかかった折はあんなにお元気でいらしたのに……」などと言葉を続けよう。

お悔やみにはタブーとされる忌み言葉がある。不幸が重なることを連想させる「また、再三、たびたび、重ね重ね、ますます」などの繰り返し言葉、「切れる、浮かばれない、九、四、死ぬ」など縁起が悪い言葉は絶対に使わないように。

元気づけようと「がんばってね」などというのはNG。遺族には「どうか、お力落としなさいませんように」「心中、いかばかりかとお察し申し上げます」などと言う。

コラム ビジネス会話によく出てくるインテリ語

アセスメント（assessment）

評価、査定などの意味。「環境アセスメント」と言えば、開発計画などが周辺の環境にどのような影響を与えるか調査・査定することを言う。介護の分野では、利用者のニーズを把握するためにさまざまな情報を収集・分析すること。

ASAP

「as soon as possible」の略。つまり、できるだけ早く、という意味だ。英文字を日本語読みして「アサップでお願い」などと使うこともある。

インセンティブ（incentive）

奨励や刺激を意味する英語。雇用者などに、業績に応じて報酬を加算し、やる気を起こさせることをいう。出来高払いという意味で使われることも多い。

エビデンス（evidence）

証拠、根拠という意味。ビジネスシーンで使う場合は、たとえば「先方は不在でした」と課長に報告したところ「エビデンスは残してきたのか」と聞かれた。この場合は、「名刺を置いてくる」「伝言を残してくる」など、訪問したという「証拠を残してくる」ことを意味している。

研究開発部門なら「エビデンス」はある結果を証明する事実。データなど。場面、状況によって多少、意味が異なることを知っておきたい。

ガバナンス（governance）

統治する、統率するという意味。最近では企業や組織の運営に当たるコーポレートガバナンスを意味することが多くなっている。「現在、この組織トップのガバナンス能力はとうてい評価に堪え得るものではない」などと使う。

コミットする（commit）

「責任をもって引き受ける」「約束や目標を必ず達成するという信念を持ち、そのためにしっかりと準備し、実践する」という意味に使われることが多い。

「結果にコミットする……」というある会社のCMですっかりおなじみになった。

コンセンサス（consensus）

多数の人の一致した意見のこと。多数決と違うのは、その場の全員の同意が必要なことだ。「コンセンサスを得ておくように」と命じられたら、根回しをしておくように、という意味が含まれていることが多い。

コンプライアンス（compliance）

法律や社会規範、規則などをしっかり守ること。最近では、これに違反したり、逸脱する行為は厳しく社会から批判を受ける。

ダイバーシティ（diversity）

多様性という意味。ビジネス用語として使われる場合は、企業内で性別、人種、国籍、宗教、年齢、学歴、職歴などの違いを超えて多様な人材を積極的に活用し、企業の価値・生産性向上に役立てようとすることを言う。

アメリカでは人種の違いを超えて、日本では障害者や外国人雇用などの促進を意味して使われることが多い。

トレードオフ（trade off）

一方を選択すれば、もう一方は犠牲にしなければならない関係を言う。

たとえば、収入をもっと増やしたいと望めばもっと長時間働かなければならない、だが、そうすると自由な時間がなくなり、精神的な豊かさは実現できない。こういうときに「まさにトレードオフなんだよな」などと使う。

プライオリティ（priority）

優先順位や優先権という意味。いくつかの用件があるときに「プライオリティの高い順に進めていきましょう」などと使うと、大事なことから片付けていこうという意味になる

プレゼンス（presence）

存在感、影響力を持つ存在であることを意味する。
「世界経済における中国のプレゼンスがどんどん高くなっている」などと使う。

ベネフィット（benefit）

利益という意味。最近では、製品やサービスを利用した結果、消費者が得られる利益・恩恵のことを言い、ポイントサービスなどをはじめ、商品を利用することで得られる利便性、満足感などもベネフィットに含まれる。

ワークシェアリング（work sharing）

「仕事の分かち合い」という言葉の意味通り、これまで一人が携わっていた仕事を二人以上の人で分け合うこと。たとえば、月・水・金はAさん、火・木・土はBさんが同じ仕事を担当するようにすれば、二人の人が仕事につくことができ、雇用が確保できる。また、日本社会の課題の一つである長時間労働の改善にも役立つことが期待される。

定年と年金受給開始年齢にギャップが生じる今後、シニアの働き方の一つとしても期待を集めている。

本作品は当文庫のための書き下ろしです。

菅原 圭（すがわら・けい）

早稲田大学卒。コピーライター、出版社勤務を経てフリーに。ライターとして経営者、作家、文化人など多数の著名人を取材、原稿化してきた豊富な経験から、生き方・暮らし方についてのエッセイ本を執筆。膨大な読書量、歌舞伎や茶道など日本の伝統文化を愛するところから、最近は日本語、マナーなどの分野の著作も多く手掛け、ベストセラー多数。

著書には『品性がにじみ出る言葉づかい』『知性がただよう言葉づかい』『相手の心をぎゅっとつかむ語彙力』『お金持ちが肝に銘じているちょっとした習慣』『ものごとに動じない人の習慣術』（いずれも河出書房新社）などがある。

だいわ文庫

50歳《さい》からの語彙《ごい》トレ

著者 菅原《すがわら》 圭《けい》

二〇一九年二月一五日第一刷発行
二〇二〇年五月一〇日第七刷発行

発行者 佐藤 靖
発行所 大和《だいわ》書房
東京都文京区関口一-三三-四 〒一一二-〇〇一四
電話 〇三-三二〇三-四五一一

フォーマットデザイン 鈴木成一デザイン室
本文デザイン・DTP ISSHIKI
本文印刷 厚徳社
カバー印刷 山一印刷
製本 ナショナル製本

ISBN978-4-479-30745-7
乱丁本・落丁本はお取り替えいたします。
http://www.daiwashobo.co.jp